高校青年教师学术价值观培育研究

RESEARCH ON CULTIVATING ACADEMIC VALUES OF YOUNG TEACHERS IN UNIVERSITIES

程孝良 著

社会科学文献出版社
SOCIAL SCIENCES ACADEMIC PRESS (CHINA)

前　言

学者的学术行为是学术环境、学术制度等外部要素和学者自身的学术价值观等内部要素共同作用的结果。近年来，学术界发生的青年教师学术失范事件及治理中面临的困境，使我们开始转换思考与解决问题的视角，尝试通过梳理中国近现代学术体制创建历史，从社会、经济和文化系统等外源性因素和高校青年教师学术价值观形成发展的内生性因素双重视角入手，弄清“何为学术人”以及“学术人该何为”的价值问题，尝试通过探寻学术界普遍的“价值共识”与“价值密码”，构建一套适应现代市场经济发展需要的青年教师学术价值观体系，实现学术的良性有序发展。高校青年教师学术价值观培育研究正是在这一背景下展开的。

学术价值观是学者在一定的历史条件和文化背景下对学术活动及其关系的认知、理解、判断或抉择的观点，是学者对学术活动进行评价、判断、选择的内在尺度。高校青年教师是知识分子群体与青年群体的交叉集合体，既是学术价值观的实践者，又是学术价值观的传承者；既是学术价值观培育的主体，又是学术价值观培育的客体。学术价值观由学术目标的价值导向、学术活动的价值调节、学者与相关者的利益关系、学术行为的价值规范等四个基本要素构成。在学术价值观体系中，利益是学术与价值同构的基础，管理充当学术与价值连接的中介，公正是检验学术实践的价值尺度。

在我国近现代学术体制发展转型过程中，学术研究的内在逻辑及学术共同体构成了内部力量，行政力量及社会需求构成了外部力量，学术发展转型是内外部力量共同作用的结果。内部力量与外部力量构成了学术体制发展演变中的“双重秩序演化路径”。在学术体制的近代转型过程中，形成了以“为学术而学术”为主流的学术价值观，同时产生了经世致用、实用主义、个人主义、功利主义、精致的利己主义等非主流学术价值观。

高校青年教师具有明显的代际特征，他们既是学术研究的主体，又是普通的社会成员，具有双重身份；既承担学术责任，也承担社会责任；既追求社会利益，也追求个体利益。近现代学术职业化之后，学术体制化越来越严格，学术管理越来越细密，产生了科层化趋向。于是，学术价值与管理价值时有冲突。学术体制逐渐僵化，使学术研究人员被体制所“化”，学术研究演变为一种体制内的“学术生产”，在一定程度上沦为“稻粱谋”的经济工具；在市场经济以效率为先的原则下，学术研究活动专注投入产出的经济效益，即以最少的投入产出最大的经济利益。同时，非学术因素的渗入使学术研究成为一种急功近利的短期行为。少数高校青年教师把各种功利性目标当作学术研究的最高价值，而忽视甚至损害学术研究活动最本质、最重要的价值（人性的尊严与价值），学术的经济价值僭越了学术的内在价值。为了谋取个人私利，少数青年教师将个人利益凌驾于群体利益和社会利益之上，甚至以牺牲群体利益和社会利益来满足个人利益，异化了学术的社会利益与个人利益的关系，学术研究的个体利益遮蔽了社会利益，学术研究逐渐沦为谋取个人私利的工具。实际上，学术研究应该是少数对探究学问、创新知识、创造思想感兴趣的人的事业或志业，而不应该是市场化、大众化的职业。

高校青年教师学术价值观的形成是在一定社会环境和文化制度的

影响下，青年教师内在的知、情、意、行等心理诸要素相互促进，自发—自觉—自为的辩证运动过程，是高校青年教师对学术活动从感性认识到理性认识、从朴素情感到深刻体验、从原始趋利到科学理解、从盲目幻想到合规律性与合目的性相结合的思想过程。当前，我国高校青年教师学术价值观总体是积极的，但也存在功利化取向、崇尚价值多元、学术信仰缺失、个人主义倾向等问题。西方思潮的冲击、社会环境的影响、学术管理的异化、道德教育的弱化、工作生活的压力等因素的共同作用是高校青年教师学术价值观产生问题的原因。高校青年教师应该弘扬学术价值观的时代内涵，即以国强民富为目标的学术理想，以爱国主义为核心的民族精神，以改革创新为核心的时代精神，以及淡泊名利、甘于寂寞的奉献精神。高校青年教师应该将个人的学术理想同建设中国特色社会主义的共同理想结合在一起，将自身的学术目标同整个国家和民族的命运结合起来，以学术为志业，在实现学术理想的过程中体现个人价值；把以爱国主义为核心的民族精神和以改革创新为核心的时代精神作为高校青年教师学术价值观培育的精神动力，将学术理想、学术认知、学术情感、学术意识与学术实践结合起来，培养坚定的民族自尊心、自信心和自豪感；把社会主义荣辱观作为高校青年教师最基本的学术价值取向和行为准则，培养高校青年教师良好的学术道德品质和学术行为规范。

学术价值观是社会主义核心价值观在学术研究领域的体现。高校青年教师学术价值观培育应坚持以社会主义核心价值观为引领，从以下几个方面着手。一是强化组织领导，形成培育合力。二是厘定培育内容，强化培育效果。三是更新培育理念，创新培育方法。四是促进价值认同，完善培育路径。通过“学术价值观‘化’青年教师—青年教师‘化’学术价值观—学术价值观固化”的路径，把学术价值观转化为青年教师自觉的学术价值追求与行为。五是关注利益诉求，优化学术环境。建立合理的学术利益分配机制与学术管理制度，理顺学术行为主客体及相关者之间的价值关系。从而构建一套以学术理想信念（自由）为内核、以体现学术研究的核心价值目标（求真）和最高价值目标（创新）为中心、以学术研究的价值标准（质量）为准绳、以学术研究的价值体现（利益）为导向的学术价值观体系，实现学术的真、善、美、利的统一。在价值学视域的横向维度坚持青年教师个体学术价值观（理性）、学术共同体的学术价值观（合作）、社会层面的学术价值观（独立）相统一，在价值学视域的纵向维度坚持知（学术价值认知）、情（学术价值情感）、意（学术价值意志）、行（学术价值践行）相融合的学术价值观框架，以此确立一个以学术价值的本质、认知、意识、内化、外化为五大支点的学术价值观体系。

目　录

第一章　绪论 …… 001

第一节　学术研究及学术价值观的现状 …… 001

第二节　前人对学术价值观的研究情况 …… 005

第三节　研究目标与内容 …… 022

第四节　研究思路与方法 …… 024

第五节　研究价值与创新之处 …… 027

第二章　学术价值观的基本概念与理论基础 …… 030

第一节　学术价值观的基本概念 …… 030

第二节　学术价值观的学理基础 …… 041

第三节　学术价值观的构成要素与结构关系 …… 048

第四节　学术价值观的基本结构 …… 053

第三章　我国近现代学术体制演变与学术价值观变迁 …… 062

第一节　我国近现代学术体制的转型 …… 062

第二节　我国近现代学术价值观的变迁 …… 074

第四章　学术价值观视域中的高校青年教师 …… 086
第一节　高校青年教师生存现状 …… 087
第二节　高校青年教师的群体特征分析 …… 095
第三节　高校青年教师学术失范成因 …… 100

第五章　高校青年教师学术价值观的形成、发展及其影响因素 …… 114
第一节　高校青年教师学术价值观的形成和发展 …… 114
第二节　高校青年教师学术价值观形成和发展的影响因素 …… 119

第六章　高校青年教师学术价值观的现状、问题与成因 …… 127
第一节　高校青年教师学术价值观的积极表现 …… 127
第二节　高校青年教师学术价值观存在的主要问题 …… 132
第三节　高校青年教师学术价值观产生问题的原因 …… 138

第七章　高校青年教师学术价值观培育对策 …… 144
第一节　以社会主义核心价值观为引领 …… 144
第二节　强化组织领导，形成培育合力 …… 146
第三节　厘定培育内容，强化培育效果 …… 151
第四节　更新培育理念，创新培育方法 …… 163
第五节　促进价值认同，完善培育路径 …… 166
第六节　关注利益诉求，优化学术环境 …… 171

结　论 …… 184

参考文献 …… 190

第一章

绪论

第一节　学术研究及学术价值观的现状

近年来，我国全社会研究与试验发展（R&D）经费及其占 GDP 的比重持续快速增长。据统计，2021 年我国 R&D 经费已达到 27864 亿元，比上年增加 3470.9 亿元，增长 14.23%，增速比上年提高 4.07 个百分点；R&D 经费投入强度（与 GDP 之比）为 2.44%，比上年提高 0.03 个百分点（见图 1－1）。2020 年按 R&D 人员全时工作量计算

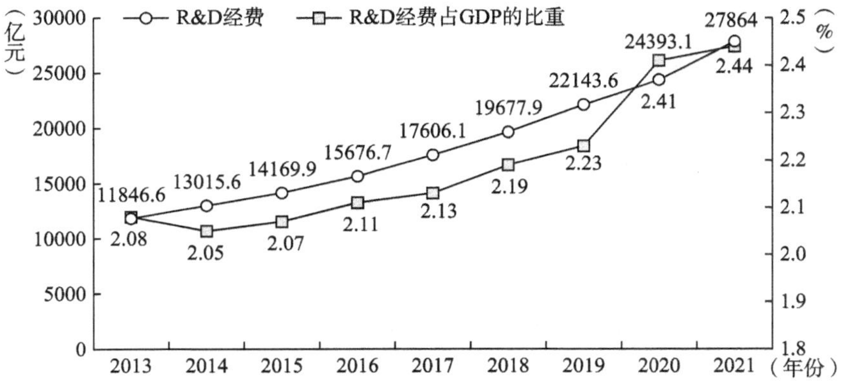

图 1－1　2013～2021 年我国 R&D 经费及其占 GDP 的比重

资料来源：国家统计局 2013～2021 年全国科技经费投入统计公报。

的人均经费为46.6万元，比上年增加0.5万元。在经济市场化、文化多元化的背景下，学术职业化、国际化的进程不断加快，有效促进了学术的繁荣发展。与此同时，学术失范事件以及整体学术创新力不足等问题，使得学术的价值及学术价值观问题逐渐从学术规范、学术道德等语境中剥离出来，成为日益受人关注的一个话题。

德国哲学家康德（1960）曾说："有两样东西，我们愈经常愈持久地加以思索，它们就愈使心灵充满日新月异、有加无已的景仰和敬畏：在我之上的星空和居我心中的道德法则。"不论是上海交通大学假芯片事件还是韩国的黄禹锡假数据事件，似乎都表明那些一心搞研究、搞学术、搞科学的人越来越少了，反而是追求名誉、追求金钱、追求虚荣的人越来越多，在学术圈中，人们不再谈论哪个专家的研究取得了什么样的进展，而是谈论哪个专家今年拿到了多少项目经费。越来越多的科学工作者、学术工作者将自己的社会需求摆在首位，是否有利可图成为首要考虑的事情，学术价值观的扭曲像传染病一样在整个学术界蔓延。就像是作家莫言拿到了诺贝尔文学奖，人们对文学的意义探讨得很少，反而关心奖金能在北京买多大的房子，大量的游客踏破了莫言家的门槛，只为了能让自己的孩子沾上点"仙气"，以后能出人头地，过上富足的生活。这种风气使学术研究不再是一种理想和追求，而是成了一种追逐名利的工具。如果说"中国梦"需要每个中国人的梦去交织去组合，那么一个个价值观不正确的学术之梦能带来什么呢？

党的十八大提出积极培育和践行社会主义核心价值观，倡导富强、民主、文明、和谐，倡导自由、平等、公正、法治，倡导爱国、敬业、诚信、友善。习近平总书记多次就此作出重要论述，提出明确要求。在2016年12月7日至8日举行的全国高校思想政治工作会议上，习近平总书记再次强调"要坚持不懈培育和弘扬社会主义核心价值观，引导广大师生做社会主义核心价值观的坚定信仰者、积极传播者、模范践行者"（吴晶、胡浩，2016）。党的十九大报告进一步指出，培育和践行社会主义核心价值观，要以培养担当民族复兴大任的时代新人为着眼点，强化教育引导、实践养成、制度保障，把社会主义核心价值观融入社会发展各方面。这一方面体现了当前培育和践行社会主义核心价值观的紧迫性，另一方面也体现了党中央对此所抱的决心之大。价值认同是真正的理解和支持，只有当国家意识形态真正融入个体的价值观，个体的价值观能自然地呼应国家意识形态时，意识形态教育才能真正地入脑入心。那么在学术研究领域如何构建一套价值体系，并使之成为每个学者的自觉意识和内在追求呢？唯有将学术价值观内化为学者的学术价值观念，外化为学者自觉的学术行为，固化为学者及学术界共同的价值规范和准则。当前，我国正处在经济转型发展、深化改革和社会转型的关键时期，西方各种社会思潮、文化价值观念和国内经济社会发展形势共同影响着人们的价值观念与价值取向，反映社会发展变化的社会价值观念出现了新的内容和新的特征，具体表现在价值取向、价值目标和价值追求的变化，以及价值标准的混乱上。

赢得青年就是赢得未来。师道兴，则国家兴。作为重要而特殊的青年群体，高校青年教师[①]是知识分子群体与青年群体的交叉集合体，他们既是青年知识分子，又以自身智识培养着未来的青年知识分子；既是学术价值观的实践者，又是学术价值观的传承者；既是学术价值观培育的主体，又是学术价值观培育的客体。教育部统计数据显示，截至2018年底，全国普通高校45岁以下的青年专任教师已达1134825人，占专任教师总数的68%。从不同专业课程来看，截至2022年，45岁以下的高校专职思想政治理论课教师占教师总数的70.7%，年轻化成为教师队伍发展新态势。从不同地区不同高校发布的数据看，在教师队伍的年龄结构中，青年教师占比高，老教师占比低。如《太原理工大学2019～2020学年本科教学质量报告》显示，该校专任教师队伍

① 本书所指的高校青年教师是指在大学专门从事教学与科研工作、年龄小于45岁的一类人群。

中 45 岁及以下青年教师比例高达 63.3%，46 ~ 55 岁中生代教师比例为 26.6%，56 岁及以上教师比例为 10.1%。《河南科技大学 2019 ~ 2020 学年本科教学质量报告》显示，该校青年、中年、老年三个年龄阶段教师对应比例分别为 63.7%、26.5%、9.8%；《长安大学 2019 ~ 2020 学年本科教学质量报告》显示，该校青年、中年、老年三个年龄阶段教师对应比例分别为 64.43%、21.87%、13.70%。据不完全统计，当前最有科研生产力和创新力的是 45 岁左右的中青年科研人员，而超过 50 岁的具有正高级职称的科研人员中还在撰写学术论文的不到该年龄段科研人员的 10%。也就是说，具有正高级职称的科研人员不是学术研究的主体，学术研究的主体是具有讲师和副高级职称的青年教师，尤其是有希望晋升为正高级职称的科研人员，没有希望晋升为正高级职称的教师从事学术研究活动的动力不足。绝大多数具有正高级职称的科研人员都不再直接撰写学术论文，他们大都忙于各种项目。作为学术研究主体的青年教师主要由“75 后”“80 后”构成，他们在改革开放的时代环境中成长、求学并加入高等院校教师队伍行列。当前他们面临着四重压力：在教学上，既承担繁重的教学任务，还要不断提高教学质量；在科研上，面临着提升科研水平与晋升职称的压力；在个人发展上，面临着继续深造提高学历的压力；在经济上，他们多数处于高校工资结构体系的底层，工资收入较低，还面临着成家立业、结婚生子、赡养父母的压力。在经济市场化、价值多元化、学术职业化的背景下，部分青年教师学术理想信念模糊、学术目标异化、学术规范和标准混乱，职业情感与职业道德淡化。在这种现实面前，高校青年教师学术价值观培育及学术实践面临严峻的挑战。

为了切实加强和改进高校青年教师思想政治工作，2013 年 5 月，中共中央组织部、中共中央宣传部、中共教育部党组联合印发《关于加强和改进高校青年教师思想政治工作的若干意见》（教党〔2013〕12 号）。2016 年 1 月 13 日国务院办公厅印发《关于优化学术环境的指导意见》（国办发〔2015〕94 号），从政府职能、科研人才、评价机制、学术道德等多方面做出具体规定。2019 年 6 月 11 日中共中央办公厅、国务院办公厅印发《关于进一步弘扬科学家精神加强作风和学风建设的意见》，提出不断激励和引导广大科技工作者追求真理、勇攀高峰，树立科技界广泛认可、共同遵循的价值理念，加快培育促进科技事业健康发展的强大精神动力，在全社会营造尊重科学、尊重人才的良好氛围。教育评价事关教育发展方向，有什么样的评价指挥棒，就有什么样的办学导向。2020 年 7 月，科技部印发《科学技术活动违规行为处理暂行规定》，提出全面增强科研作风学风建设工作的严肃性和权威性，划定底线、明确界限，以“零容忍”态度坚决遏制科技活动违规行为，着力构建风清气正的科研生态。为深入贯彻落实习近平总书记关于教育的重要论述和全国教育大会精神，2020 年 10 月，中共中央、国务院印发《深化新时代教育评价改革总体方案》，要求完善立德树人体制机制，扭转不科学的教育评价导向，坚决克服唯分数、唯升学、唯文凭、唯论文、唯帽子的顽瘴痼疾。

在学术研究领域，近年发生的学术失范事件及治理中面临的困境，使我们开始转换思考与解决问题的视角，尝试通过梳理中国近现代学术体制创建之历史，从社会、经济和文化系统等外源性因素和高校青年教师学术价值观形成发展的内生性因素双重视角入手，弄清“何为学术人”以及“学术人该何为”的价值问题，尝试通过探寻学术界的“价值共识”与“价值密码”，构建一套适应现代市场经济发展需要的青年教师学术价值观体系，实现学术的良性有序发展。

第二节 前人对学术价值观的研究情况

学者的学术行为是学术环境、学术制度等外部要素和学者自身的学术价值观、学术精神等内部要素共同作用的结果。学术价值观是学术精神的核心和具体表现。价值、价值观问题是人类社会永恒的主题。国内外学者对相关问题的研究，成果丰硕，但专门针对学术价值观的研究还不够系统。

一　关于价值及价值观的研究

19 世纪 60 年代，价值哲学思想诞生于西方资本主义国家。直到 19 世纪末 20 世纪初价值哲学才正式成为一门独立的哲学学科。自 19 世纪末以来价值哲学已经走过了 100 多年的历史，其发展大致可以分为形成阶段、主观主义价值论与客观主义价值论并存阶段、主观主义价值论占统治地位阶段等三个阶段。

（一）价值哲学形成阶段（19 世纪末至 20 世纪初）

这一阶段主观主义价值论居主导地位。以康德、洛采、文德尔班、李凯尔特、迈农、艾伦菲尔斯等为代表的哲学家，提出了满足需要论、意义论、情感决定论、欲望论等价值哲学理论。一般认为，是德国哲学家康德最先提出将“价值”这一概念引入哲学领域的。在此基础上德国哲学家洛采进一步提出要建立一个“价值哲学”学科。后来他的学生、新康德主义弗赖堡学派的创始人、德国价值哲学奠基人——文德尔班继承了这一想法，试图构造一种“价值哲学”。文德尔班认为，哲学离不开价值观念，哲学问题就是价值问题，要从能使人产生快感并满足人的需要的角度去理解价值。文德尔班的学生李凯尔特则提出了先验的意义论，认为价值不是事实而是一种意义。后来奥地利价值哲学家迈农又提出情感决定论，认为价值是使人喜欢的对象。他的同胞艾伦菲尔斯则试图建立一套欲望价值理论，认为欲望是价值的基础。

（二）主观主义价值论与客观主义价值论并存阶段（20 世纪初至 20 世纪 20 年代）

在这个阶段，上述几种主观主义价值论得到了进一步发展，美国的乌尔班提出价值在于满足欲望，培里提出价值兴趣说，认为价值是兴趣的对象，詹姆士则提出价值是观察者的心灵送给世界的礼物。这些观点也都是主观主义价值论。随着主观主义价值论的流行，客观主义价值论也逐渐兴起，产生了直觉主义价值论、现象学价值论、过程哲学价值论等理论。在英国，直观主义的先驱、剑桥大学哲学家摩尔提出的直觉主义价值论被认为是最早的客观主义价值论。摩尔强调直观（直觉）在认识中的作用，认为善是一种不可定义只能直觉的物质，价值是事物固有的本质属性，许多事物天然就是善或恶的。德国哲学家马克斯·舍勒提出现象学价值论。他认为价值是一种先验的、不依赖于事物和价值载体的特殊质性，是一种独立于评价主体的“观念客体”。价值通过情绪直观地呈现，因而是自明的。舍勒的价值哲学强调价值的绝对性、客观性和独立性，忽视价值主体在价值实现中的作用，是一种机械的先验客观主义价值论。现象学价值论的代表还有德国伦理学家尼古拉·哈特曼。客观主义价值论在英国和德国等欧洲国家的影响很大。20 世纪 20 年代中后期，西方价值哲学还产生了怀特海的过程哲学价值论或有机体哲学价值论。过程哲学价值论认为价值是客观的，它着重从主体与其摄受对象的相互作用去理解价值，所以它既不同于主观主义价值论，也不同于客观主义价值论，但其影响很小。过程哲学价值论是后来的系统哲学价值论的前身。

（三）主观主义价值论占统治地位阶段（20 世纪 30 年代至今）

这一阶段的主观主义价值论以情感主义价值论的影响最大。20 世纪 30 年代以后，在主观主义价值论特别是情感主义价值论的猛烈冲击下，客观主义价值论逐渐衰落且后继无人。主观主义价值论的各种观点，如情感决定论、欲望论、满足需要论等继续流行。随着逻辑实证主义的盛行，情感主义价值论在西方价值哲学中占据了统治地位。情感主义价值论与迈农的情感决定论有相同之处，也有不同之处。迈农的情感决定论认为，价值是使人喜欢的东西，情感主义价值论则认为价值只是主体情感的表达。以逻辑为工具、以经验为根据的逻辑实证主义价值论的盛行，使得情感主义价值论在西方价值哲学中的影响大增，确立了20世纪30年代以来主观主义价值论（以情感主义价值论为代表）的统治地位。

这一时期，尼采在批判传统哲学思想的同时，对西方传统道德价值进行了彻底批判。胡塞尔和舍勒基于现象学构建了现象学价值哲学，并对新价值观念进行深入研究。摩尔对以约翰·斯图亚特·密尔、杰里米·边沁为代表的传统英国式功利主义进行了批判，后来图尔明、诺埃尔·史密斯、厄姆森以及斯马特等对功利主义进行了翻新。在美国，威廉·詹姆斯和约翰·杜威等建立了美国式的实用主义价值观。在德国，马克斯·舍勒和尼古拉·哈特曼提出了新理想主义。在法国，让-保罗·萨特提出新个人主义（新自由主义）。20世纪60年代以后，苏联、东欧也兴起了价值论研究，产生了一些新成果。这些成果将满足主体需要作为界定价值的主导性观点，其间也有学者提出了价值是评价的结果的观点。但这些观点实际上都是当代西方价值哲学提倡的观点，是西方价值哲学对世界各国影响的结果。

价值观是一个多学科共同研究的问题。哲学、社会学、社会心理学分别从各自的学科角度对其做了界定。哲学一般从宏观社会体系结构，从本质、根源上揭示价值观的特性，认为价值观是上层建筑中意识形态的核心部分，是主体在与客体相互作用中，从需要出发而产生的对事物及行为意义、效用的评价；社会学则从中观的角度，从社会结构与结构中人的行为关系角度界定价值观，认为它是社会结构各部分、社会生活各领域中，人们通过互动等形成的对事物的评价，它们影响、决定着人们的目标确定和行为选择；社会心理学则从微观的角度界定价值观，认为它是从个人和群体的外显行为与内在动机、态度中表现出来的，有关什么是“值得的”的看法。

关于价值观的界定，美国社会学家帕森斯认为，价值观作为一个体系，是由一系列价值模式构成的且已被公众认同的规范体系。作为目标导向、准则或标准，这些规范明确了行动者的行为边界，并约束他们的行为，通过规范公众认同的准则，产生一定效力之后，就成为社会性的共识。帕森斯在他的价值理论中主要突出了社会共同价值的两个基本功能：一是形成外部压力规范个体的行为，基于这种压力，人们通常会优选更符合社会期望的行为；二是通过价值内化，形成行为者的人格特征和内在需求，进而调整行为者的行动。外在的社会性规范和压力加之内在的自觉调控，使得价值观对个体行为的影响变得具体且有方向性。克拉克洪从社会心理学的角度，提出了“价值取向”概念，将价值观理解为影响个体行为选择的构件，并进一步指出，价值观兼具外显性和内隐性特征，它是个体或群体对“乐意的，或向往的”事物的看法，对个体的行为方式、追求与目标及其实现方式的选择有着重要的影响，是个体或群体观念特征的集中反映。约翰・N. 霍华德和杰格迪什・N. 谢斯认为，价值观包括人们的行为方式、原则、理想及与之相关的价值标准，是个体的行为驱动力，它不是行为和态度，但会影响人们的行为和态度，有时甚至会成为阻碍因素。20 世纪 70 年代，美国社会学家米尔顿・罗克奇从方法论的角度将价值观分为“行为方式”和“终极状态”两大类，并编制了价值观量表，列出了价值观序列。他认为，价值观是一种支撑人们的行为方式或存在状态的持久信念。罗克奇强调，价值观具有动机的功能，它不仅具有评价性特征，还兼具规范性和约束性特征，它引导个体的行动和态度，是个体的乃至社会的一种客观存在。沙洛姆・H. 施瓦兹和沃尔夫冈・比尔斯基认为价值观是个体向往的各种条件转换性目标，并随目标的重要性而发生变化，其作用是在个体的生活中提供指导性原则。

20 世纪 70 年代末 80 年代初，随着真理标准问题讨论的深入，价值理论及价值观研究受到国内学术界的广泛关注，我国开始兴起价值热，并形成了独特的研究风格，这些研究成果成为价值哲学研究的重要组成部分。经过近 10 年的努力，我国价值理论的体系框架初步形成。进入 90 年代，随着我国改革开放向纵深推进，社会价值观发生了深刻变革，这既推动了我国改革开放的进程，也在人们的思想观念、价值标准、价值取向上引起了一定的混乱。

总体而言，国内学术界对价值的界定产生了实体说、属性说和关系说三种典型的观点。虽然三种观点的出发点和认识路径不同，但它们有一个共同之处，即都认为价值是主体与客体交互作用的结果，是客观事物能够满足主体需要的根本性质或本质属性。客观事物的这种性质或属性只有在与主体发生关系、满足主体需要、对主体具有意义时，才表现出来，这种价值也是“人的内在尺度”的体现，但这并不是说价值是由主体所决定，价值在本质上是客观的。价值观是人们对客观事物的价值属性的总体观点、态度和评价。价值观在本质上是属人的，属于主体（主观）的范畴。因此，价值观会因人而异，它随主体的学识水平、利益需求、人生目标等变化而变化。吕忠梅、朱书刚（2012）认为：“价值与价值观既有联系也有区别。其联系主要表现为：价值是价值观的基础，没有价值也就无所谓价值观。其区别主要表现为：价值是客观的东西，价值观是主观的、观念层面的东西，它与意识形态具有本质的一致性……价值的作用方向是从客体到主体，价值观的作用方向是从主体到客体；价值突出的是价值事实及其客观性，而价值观侧重的是关于价值方面的概念及其主观性，两者的差异是显著的。价值作为事物对于人、客体对于主体的意义，是不同于人们关于价值的感受和态度的价值观。前者是客观形态，后者是主观形态。”

吴根友（2004）认为，中国传统价值观“集中对个人人格价值的期许和个人价值需求的关注，并从这一基本价值判断出发，形成一个以个人自我道德完善和自我利益为中心的价值目标，以个人心理自觉和个人忍让为基本的价值原则，从而达到个人价值的实现与社会的理解与沟通的双向目标，实现王道天下的社会理想”。在中国传统价值系统里，价值评价以个人道德境界为标准，并由内在的道德修养和向外层层扩展的社会活动来构建实现机制。20 世纪 70 年代以来，逐渐形成了与我国特定的社会政治经济结构相适应的社会价值观结构和与其相匹配的社会价值取向。廖小平（2012）认为：“集体主义、理想主义、精神至上、‘穷即革命’是这一时期最突出、最鲜明、最基本的社会价值取向。”

20 世纪 70 年代以来，中国社会价值观发生了深刻变迁，主要表现为从一元价值观向多元价值观、从整体价值观向个体价值观、从神圣价值观向世俗价值观、从精神价值观向物质价值观的转变，一些全新的核心价值在价值观变迁过程中开始了“型构”，如市场、契约、效率等。现代市场社会把效率（作为经济活动的价值原则）、正义（作为政治活动的价值原则）和自由（作为文化活动的价值原则）三种价值作为核心内容确立了社会运行的基本原则。马克思在《资本论》中将市场社会的本质概括为：“劳动力的买和卖是在流通领域或商品交换领域的界限以内进行的，这个领域确实是天赋人权的真正伊甸园。那里占统治地位的只是自由、平等、所有权和边沁。自由！因为商品例如劳动力的买者和卖者，只取决于自己的自由意志。他们是作为自由的、在法律上平等的人缔结契约的。契约是他们的意志借以得到共同的法律表现的最后结果。平等！因为他们彼此只是作为商品占有者发生关系，用等价物交换等价物。所有权！因为每一个人都只支配自己的东西。边沁！因为双方都只顾自己。使他们连在一起并发生关系的唯一力量，是他们的利己心，是他们的特殊利益，是他们的私人利益。正因为人人只顾自己，谁也不管别人，所以大家都是在事物的前定和谐下，或者说，在全能的神的保佑下，完成着互惠互利、共同有益、全体有利的事业。”（马克思、恩格斯，2012，第 2 卷：168）

综上所述，当个体面临选择时，必须按照被自身和社会认同的思想及行为原则进行各种可能的目标比较和择优，这些原则就是价值观。价值观的基本内容与特征可以概括为三个方面：一是关系性质，即价值观是主客体的一种特殊关系，具体讲，是人们对事物满足自身需要的意义、效用的评价；二是存在领域，社会价值观是人们在经济、政治、文化、社会、伦理、生态等生活领域的活动中，对事物意义、效用的评价；三是表现形态，即社会价值观虽是属于社会意识、观念的主观形态，但总要通过人们的态度、行为等客观形态表现出来。

二　关于学术失范及治理的研究

（一）数据来源与研究方法

1. 数据来源

本研究选取 CNKI 数据库为文献数据来源，以“学术失范”“学术价值观”“学术失范治理”为主题关键词进行检索，检索时间为 2022 年 6 月 19 日。同时选取北大核心和 CSSCI 期刊文献为研究对象以确保研究数据的可靠性与权威性，且仅选择中文文献，剔除与研究主题无关的其他非研究型论文，共得到 361 篇中文学术期刊文献。

2. 研究方法

知识图谱分析是一种新颖的定量分析方式，而 VOSviewer 软件是科学计量学领域先进的、使用人数广泛的知识图谱分析工具。目前，运用 VOSviewer 科学计量分析工具的科研成果涉及图书情报学、管理学和教育学等众多领域。VOSviewer 以颜色冷暖和密度视图表示科学研究的聚类重要性和主题重点与热点等，能够从不同的视角探索和研究我国网络意识形态研究的热点问题和主题演进趋势。

（二）学术失范研究概况

1. 研究文献的时间分布

学术失范研究在不同年份的发文数量及其变化趋势，能反映这一领域具体的研究热度与受重视程度。将这些中文学术期刊文献数据导入 EndNote，分析不同年份学术失范研究的发文数量，然后借助 Excel 绘制出 2000～2022 年学术失范研究文献时间分布的柱状图（见图 1－2）。从总体发文情况来看，最早研究学术失范的文献发布于 2000 年，学术失范研究发文量总体呈现起伏较大的发展态势，大致可分为三个阶段：第一阶段（2000～2008），此阶段学术失范研究的年均发文量为 10 篇；第二阶段（2009～2015），该阶段与第一阶段相比较，发文数量上升趋势显著，年均发文量为 28 篇；第三阶段（2016～2022），这一阶段发文量开始回落，与第一阶段基本持平，年均发文量为 9 篇。第二阶段发文量增长明显在一定程度上可能与《教育部关于树立社会主义荣辱观进一步加强学术道德建设的意见》《学位论文作假行为处理办法》《教育部关于严肃处理高等学校学术不端行为的通知》等意见、办法、通知的出台密切相关。其中，2009 年，“学术不端”更是入选当年中国十大科普事件。由此可见，学术失范的相关研究发文数量与学术不端事件的发生及教育部陆续出台文件密切相关。

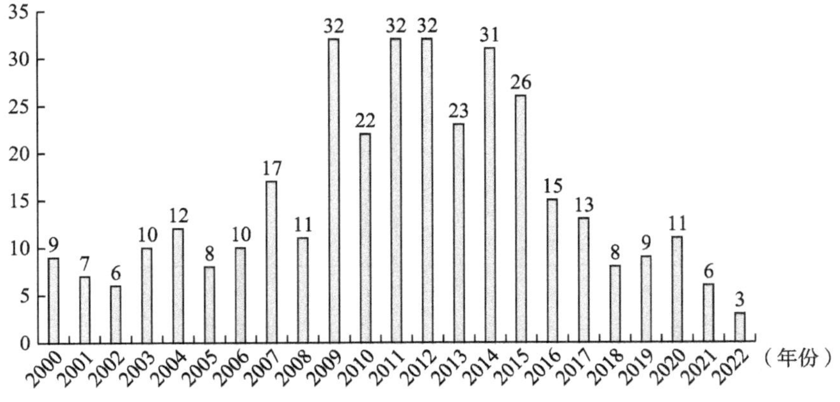

图 1－2　学术失范研究文献的时间分布

2. 研究期刊发文数量分布

研究期刊发文数量能够反映该期刊对某一领域的重视程度和对某一热点话题的关注度。笔者运用 EndNote 软件的 Subject Bibliography 统计检索了这361篇研究文献。这里列举了9种关于“学术失范”研究的发文量在6篇及以上的期刊，分别是：《学位与研究生教育》（16篇）、《黑龙江高教研究》（15篇）、《哲学动态》（13篇）、《江苏高教》（9篇）、《科技管理研究》（9篇）、《自然辩证法通讯》（8篇）、《中国高等教育》（7篇）、《编辑学报》（6篇）、《中国科技期刊研究》（6篇）（见表1-1）。以上所有的期刊均属于中文核心期刊，部分属于CSSCI，这些刊物复合影响因子均较高，被引用次数和被关注度很高且论文影响力较大。其中发文量最多的期刊为《学位与研究生教育》。通过数据整理发现，研究生学术失范及其治理是学术失范研究的重要主题。

表1-1　学术失范研究期刊发文数量分布

单位：篇

期刊名称	发文量
学位与研究生教育	16
黑龙江高教研究	15
哲学动态	13
江苏高教	9
科技管理研究	9
自然辩证法通讯	8
中国高等教育	7
编辑学报	6
中国科技期刊研究	6

3. 研究热点

通过选取出现频次为5次及以上的关键词数据，可知目前学术界对学术失范的研究聚焦于：学术失范、学术道德、研究生、学术规范、失范等（见图1-3）。从研究主题来看，大致可以分为三类。第一，学术失范、学术道德、学术不端都是高频次出现的关键词，这表明学者有意将这些不同的概念进行区分研究，使学术失范治理路径的提出更具科学性、针对性和务实性。第二，从研究对象上来看，大学生、研究生、高校教师均为学术失范的主要研究对象。第三，学术道德、学术规范、学术共同体、学术价值观与其他关键词的连线较多，展现了学术失范治理的路径遵循，以及如何正确进行道德培养，防范学术失范和不端，树立正确的学术价值观。总之，学术失范研究文献的关键词共线权重图谱基本涵盖了学术失范的内涵、研究对象及应对策略。

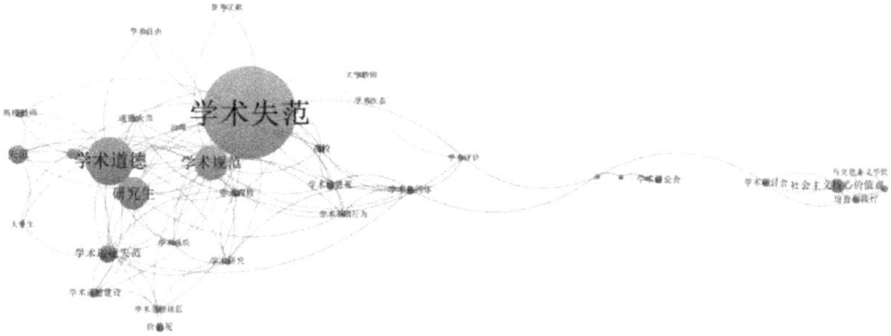

图 1－3　学术失范研究文献的关键词共线权重图谱

如图 1－4 所示，关键词共现密度图谱以学术失范和学术道德为中心形成了两个重要的研究区域，此外还形成了学术规范、研究生、社会主义核心价值观、学术共同体等研究区域。同时，以这些关键词

图 1－4　学术失范研究文献的关键词共线密度图谱

为中心，形成了若干相性的研究问题，譬如研究生学术失范、如何培养研究生学术道德、培育和践行社会主义核心价值观等。这些关键词构成了学术失范领域的研究格局，拓展了相关热点领域的广度与深度。

4. 研究文献的作者分析

表 1－2 列举了学术失范研究发文量在 2 篇及以上的学者名单，河南师范大学张英丽、新乡医学院戎华刚、郑州大学罗志敏等学者在学术失范研究方面比较活跃，发文数量多，成果十分丰富。

表 1－2　学术失范研究发文量在 2 篇及以上的学者名单

单位：篇

序号	姓名	发文量	序号	姓名	发文量
1	张英丽	10	10	何宏莲	2
2	戎华刚	8	11	刘劲杨	2
3	罗志敏	7	12	刘宇	2
4	向玉凡	4	13	刘红	2
5	阮云志	4	14	刘金松	2
6	吴彩霞	3	15	叶继元	2
7	江新华	3	16	阎光才	2
8	郑伟	3	17	王磊	2
9	程孝良	3	18	吴海江	2

表 1－3 列举了学术失范研究高被引文献的前 13 篇，三江学院曹树基、湖北师范学院江新华、华东师范大学阎光才等人是主要的高被引文献作者，文献被引次数在 80 次以上。从高被引文献的题目可以得知，学术失范研究重点关注学术失范行为的内涵、原因、表现和防范之策。

表 1－3　学术失范研究高被引文献前 13 篇

单位：次

序号	姓名	题目	期刊	年/期	被引次数
1	曹树基	学术不端行为：概念及惩治	社会科学论坛	2005/3	133
2	江新华	研究生学术道德失范：行为表现、教育根源与治理对策	学位与研究生教育	2003/3	96

续表

序号	姓名	题目	期刊	年/期	被引次数
3	阎光才	高校学术失范现象的动因与防范机制分析	高等教育研究	2009/2	85
4	郑　重 郑忠梅	论研究生学术道德的失范与规范	北京理工大学学报（社会科学版）	2006/3	72
5	武晓峰 王　磊 张　颖	我国研究生学风和学术道德现状的调查与分析	学位与研究生教育	2012/3	71
6	顾越桦	研究生学术道德失范的心理成因分析和对策研究	中国高教研究	2013/6	70
7	傅立民 孙中华	当前部分在校研究生学术失范现象的原因探析	学位与研究生教育	2004/8	68
8	江新华	研究生学术道德失范：表现、根源与对策	科学学与科学技术管理	2003/1	63
9	戴雪飞	研究生学术失范的根源和学术道德教育机制建设的再思考	中国高教研究	2009/11	60
10	劳俊华 段利强	研究生学术规范素养的调查与思考	学位与研究生教育	2006/10	56
11	程孝良 倪师军 曹俊兴	研究生学术不端行为成因与对策探讨：基于社会学理论的视角	学位与研究生教育	2009/8	55
12	贾德奎	研究生学术失范与道德缺失现象探析	探索	2003/5	52
13	阎光才 张银霞	高校学术失范问题的探索性实证研究	北京大学教育评论	2010/2	51

（三）学术失范的研究热点与趋势

其一，蒋寅（2009）认为，学术失范、学术道德、学术不端之间联系密切，从区别来看，学术不端是就行为主体而言的，学术失范可以指学术环境，也可以指学者个人，作为一个描述性概念主要指学术运作的非秩序状态及其结果。葛剑雄（2010）认为学术失范是指违背学术道德，故意不遵守学术规范。关于学术失范的表现，杨玉圣（2006）将其归纳为六个方面：抄袭剽窃、夸大注水学术荣誉、强行在他人成果上署名、数据作假、注释作伪、低水平重复。其二，从研究对象上来看，现有成果主要集中在研究生的学术失范问题上。除此之外，通过对关键词的提取和归纳，结合定性分析和梳理相关文献，发现对大学生、教师学术失范的研究也有涉及，但专门针对高校青年教师学术失范的研究非常少。其三，在研究内容上，关于高校青年教师学术失范的研究内容零散，尚未形成科学的、系统的理论分析框架和体系，特别是对高校青年教师失范行为的治理路径还缺乏深入思考，相关成果缺乏可操作性和针对性。其四，从研究方法上来看，关于学术失范的学术研究成果多为质性研究，实证调研类研究成果较少。

从治理对策角度出发，形成了治理学术失范的六种研究视角：基于学术管理制度和文化的管理学视角，基于社会学理论的社会学视角，基于学者个体意识与心态的心理学视角，基于学术体制创建与变迁的历史学视角，基于成本与收益的经济学视角，基于工具与技术的科技哲学视角。

基于学术管理制度和文化的管理学视角。这类研究把焦点放在学术管理制度层面来考察学术失范行为，认为学术管理行政化、功利化和过度量化是造成学术失范行为的主要原因，因此应该加强制度供给并创新学术管理制度，正确处理好学术权力和行政权力的关系。如梁明伟（2013）、王英杰（2007）、项贤明（2004）等的研究。

基于社会学理论的社会学视角。这类研究从社会学理论出发，把焦点放在学术研究活动所处的外部社会环境上，认为学术失范是外部社会环境与学术研究活动关系异化的结果，因此应该加大社会控制力度，改善学者研究环境。如 Hawthorn（2001）、Dick 等（2003）的研究。

基于学者个体意识与心态的心理学视角。这类研究基于“个体的外在行为与内在心理之间具有紧密联系”这一心理学理论，从学者个体的学术行为出发，探讨其学术态度、意识或价值观念与失范行为之间的关系，并提出对策、建议。如钟芳芳和肖文英（2008）、黄国彬（2007）等的研究。

基于学术体制创建与变迁的历史学视角。这类研究把焦点放在我国近代学术体制创建的历史与社会转型期学术体制的变迁上，分析了市场经济条件下，学术从志业向职业转变的趋势及其体制性原因。如左玉河（2008）等的研究。

基于成本与收益的经济学视角。这类研究基于博弈理论（理性选择理论）中的人总是倾向于选择收益最大化这一理论假设，认为学术研究活动是一种利益关系行为，学术失范就是学者在学术研究活动中基于收益最大化这一目标做出的理性选择。如江新华（2003）等的研究。

基于工具与技术的科技哲学视角。这类研究认为科学技术在给人类社会带来便利的同时，也给学术失范行为提供了可乘之机，使得抄袭、剽窃等学术失范行为越来越便捷。如杜瑛等（2007）的研究。

然而，学者们大都倾向于运用某一学科理论阐释学术失范现象的成因并提出治理对策，这些解释从单一理论及视角看似乎很完美，但缺乏系统性、层次性及对逻辑关系的梳理，因而存在着不同程度的理论缺陷。随着研究的进一步深入，学者们开始将研究重点从理论阐释转向治理体系构建，并试图综合运用不同学科的理论将治理路径统合起来。如万聪（2011）等认为，学术失范行为是个体道德水平、社会制度、文化等因素共同作用的结果，应通过强化学术道德规范教育、培育学术精神、完善制度、加强舆论导向加以解决。彭江（2008）等则开始关注学术不端问题中的“道德”及“价值”因素，透过学术道德问题看到了学术意识形态问题，认为学术意识形态具有协调学术关系、维护学术秩序等重要作用。

三 关于学术价值观的研究

学术价值观决定了学者的学术研究方式、奋斗目标以及生命意义之所在。美国福特汉姆大学伦理教育研究中心主任、玛丽伍德大学心理学讲座教授 Celia B. Fisher（2003）认为，学术价值观培育的前提是符合“职业的”、“教育的”、“法律的”及“政策的”要求，且须就这一问题进行充分的探讨；美国学者 Nicholas H. Steneck（2005）在“负责任研究行为”（RCR）推进计划中提出：“研究人员应坚持正确的、负责任的研究之路。负责任的研究，就是建立在诚实、准确、有效率、客观等这些共同的核心价值观的基础之上。”这些负责任的研究的共同价值观是相通的，不会因国家的不同而不同。知晓这些共同价值观很重要，但关键是承诺在任何情况下遵守并在行动中一以贯之。斯坦福大学前校长唐纳德·肯尼迪（2002）在《学术责任》一书中提出，学者的崇高使命在于在传统文化中改良、创造新的文化，延续生命并保证人类可持续地发展；诚信是学术信任的关键，如果学者在学术追求中掺杂个人利益甚至贪婪地以追逐私利为目的，或渗透了人性的虚伪而故意造假，将会严重削弱学术的公信力，影响社会公众对学术及其价值的信任。当学术研究活动能带来直接利益时，往往容易导致利益冲突，而经济诱惑会导致学者学术行为偏离客观性。克罗地亚学者 Katarina Prpić（1998）通过对克罗地亚科研人员的调查，认为科学家的职业伦理应由“对学术组织的责任、对所服务人群的保护、更大范围的社会和职业责任、科学的精确性和原创性及科学的客观性”构成。

目前，学术价值观问题也受到了国内学术界的关注。在 CNKI 中，以“学术价值观”为主题共检索到 94 篇文章。王欣（2009）认为，学术自由、学术自治和学术中立三项原则共同构成了博克的大学学术价值观。罗志敏（2011a、b）认为，学术价值观是价值观在学术研究上的集中反映，是人们（主要指学者）对学者和学术研究的态度，是“求真”“严谨”“创新”的有机统一，其核心是“求真”。周光礼、刘献君（2001）认为，中西方大学由于经济、社会结构不同而具有不同的学术价值观。西方大学崇尚理性精神，追求“为学术而学术”的求真、求实精神，形成了“超然性”的学术传统；中国大学受“经世致用”思想的影响，追求“为人生而学术”，形成了“介入性”的学术传统。颜柯（2004）也认为，学术价值观是价值观在学术研究上的集中反映。少数学者的学术价值观偏离了正确的位置，出现了价值观错位，从而引发了形形色色的学术不道德行为。陈伟（2009）、罗志敏（2010）等认为学术失范实质上是学者学术伦理价值观错位所致。罗志敏（2011c）进一步提出构建一套简称为“一二三”的学术价值观体系，即一个核心价值——“求真”；两个层次，分别是上标价值“创新”、底线价值“严谨”；个人、组织与社会三个层面。同时，通过学术伦理规制框架来匡正学术伦理价值观。徐如松等（2013）在对上海 4 所高校 884 位科研人员学术价值观状况进行调查后认为，高校科研人员各维度的学术价值观都处于一种比较严重的价值观模糊或错位状态。

总之，国内学者对学术价值观的研究取得了一些成果，但在把学术价值观作为一个学术研究系统的独立范畴进行学理分析和实证研究方面还存在不足，尚未形成系统而完整的研究框架和体系。首先，尚未建立学术价值观的学理分析框架，对学术与价值同构的理论基础认识尚显模糊，造成实践中无从下手。其次，有关研究大都是分散的、描述性的，局限在对一些具体问题进行情景性的描述或反思，缺乏对学术价值内化机制等实质性问题的深入研究。最后，由于学术价值观问题既关涉意识形态，又会影响学术实践活动，具有一定的敏感性，在实证研究中较难把握，现有研究成果以反映现状为主，未能分析成因并找到切实可行的对策。

综上，目前学术界对价值与价值观的研究成果丰硕，也很深入，在对学术不端行为和学术失范治理的研究中，部分学者开始关注学术价值观，但将学术价值观作为一个独立的理论范畴进行系统研究的工作尚处在起步阶段，还没有形成系统的学理分析框架，对何为学术价值观、如何构建学术价值观等理论和实践问题还缺乏深入的思考，特别是针对学术失范问题治理、学术实践中可操作的价值观体系的研究还存在不足，不能提供价值观层面上的解决方案。

第三节　研究目标与内容

一　研究目标

运用马克思主义价值论与意识形态相关理论，分析理想信念、学术价值观从自发到自觉的形成过程，探索社会主义核心价值观在学术实践中演绎而成的具有群体属性特征的价值观念。一方面，探寻青年教师对这一体系的认同和内化机制，探索社会主义核心价值观对学术价值观培育的引领机制，以解决理论指导实践的问题；另一方面，衍生出与社会主义市场经济背景下的学术研究活动相适应的学术价值观。从价值学视域的横向维度构建“青年教师个体学术价值观—学术共同体的学术价值观—社会层面的学术价值观”的分析框架，从纵向维度构建以知（学术价值认知）、情（学术价值情感）、意（学术价值意志）、行（学术价值行为）为基本内涵的框架体系。通过前者求得对价值本质和价值作用的理解；通过后者可了解学术价值观的基本内涵和活动过程。确立一个以学术价值的本质、认知、意识、内化、外化为五大支点的学术价值观体系。从社会系统、文化系统、人格系统等视角深入分析学术价值观的影响因素，进而构建社会—文化—人格—价值观系统结构模型（简称 SPC-V 结构模型）。以高校青年教师学术价值观的现状、问题及原因分析为切入点，提出高校青年教师学术价值观培育的对策。

二 研究内容

根据研究目标，本书从以下七个方面展开研究。

第一章是绪论，针对近年来学术界发生的青年教师学术失范事件及治理中面临的困境，从理论分析和现实问题回应的视角，引出高校青年教师学术价值观培育问题。

第二章是基本概念与理论基础。从学术价值观的概念界定与构成要素分析入手，搞清楚学术价值观的构成要素及其内部的结构关系。

第三章论述我国近现代学术体制的演变与学术价值观的变迁。通过史料分析，梳理我国近现代学术体制演变之历史，分析学者从读书人到知识人、学术从志业到职业的演化历程，在此基础上明确我国近现代学术价值观的变迁过程。

第四章研究学术价值观视域中的高校青年教师。在分析高校青年教师群体特征的基础上，运用社会学理论分析高校青年教师学术失范的成因。

第五章分析高校青年教师学术价值观的形成、发展及其影响因素。运用系统分析法，从解读意识形态、理想信念、学术价值观之间的关系入手，探究学术价值观的基本结构、形成和发展过程与作用机理。从比较和演化的角度，剖析学术价值观内化为实质性的价值观念和规范，从而形成稳定的学术信念和学术行为，促使学者不断往学术"善"的方向发展的机制与过程。

第六章讲述高校青年教师学术价值观的现状、问题与成因。描述高校青年教师学术价值观的积极表现，以及功利化取向、崇尚价值多元、学术信仰缺失、个人主义倾向等问题，并从外部环境、管理制度、个体压力等方面分析产生问题的原因。

第七章提出高校青年教师学术价值观培育对策。从主体、内容、方法、路径和环境等方面提出高校青年教师学术价值观培育对策。尝试建立一套以学术理想信念（自由）为内核、以体现学术研究的核心价值目标（求真）和最高价值目标（创新）为中心、以学术研究的价值标准（质量）为准绳、以学术研究的价值体现（利益）为导向的学术价值观体系，构建横向维度为“青年教师个体学术价值观（理性）—学术共同体的学术价值观（合作）—社会层面的学术价值观（独立）”、纵向维度为“知（学术价值认知）—情（学术价值情感）—意（学术价值意志）—行（学术价值行为）”的框架体系，并确立一个以学术价值的本质、认知、意识、内化、外化为五大支点的学术价值观体系。

第四节　研究思路与方法

全书以回答学术价值观“是什么”“为什么”，高校青年教师学术价值观“怎么样”“怎么办”为线索，综合运用思想政治教育学、价值哲学、社会学、管理学的理论与方法，循着提出问题—分析问题—解决问题的逻辑思路，研究高校青年教师学术价值观的现状及培育对策。研究思路与技术路线见图 1－5。

一　文献研究法

一是获取学术体制及学术价值观研究的最新成果，理解研究的前沿问题和主要研究范式，为本研究的方向确定和方法选择提供最基本的理论原点。二是通过查阅相关学科（如哲学、社会学、管理学等）的研究文献，获取新的研究视角及基本理论储备，为本研究提供理论资源；本书以马克思主义经典著作为依据，但不局限于其中的某些词句，从学理上说明意识形态、理想信念与学术价值观的关系，从学术

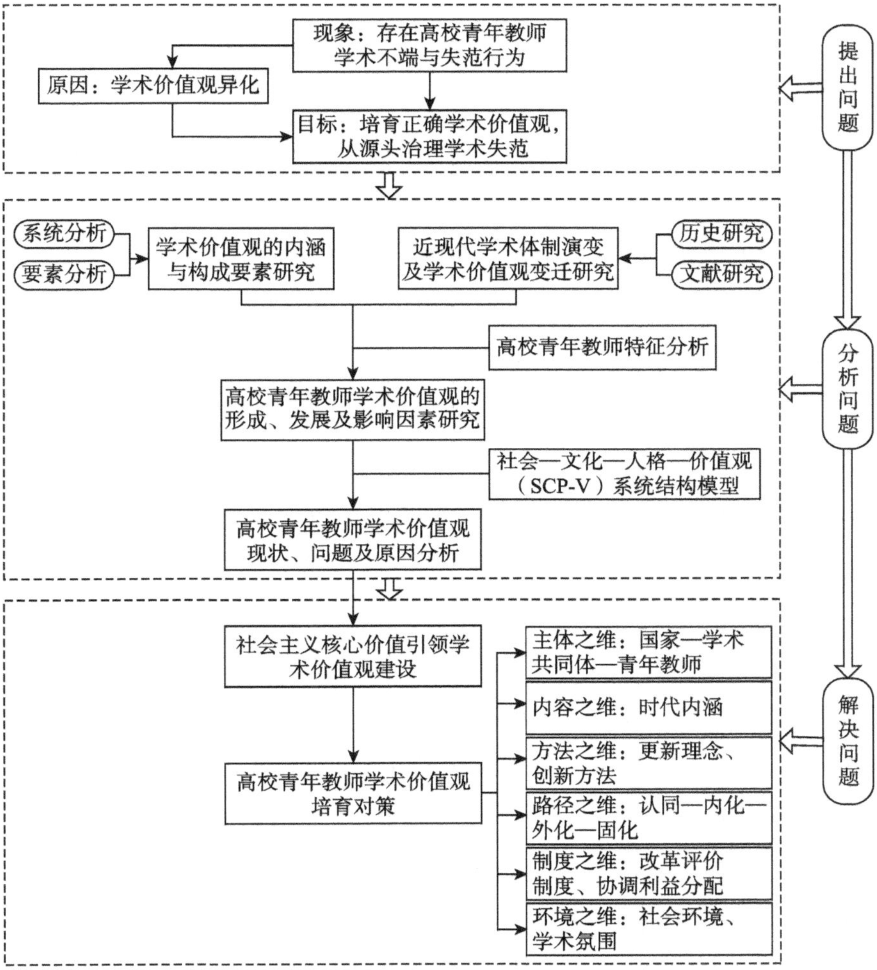

图1－5　研究思路与技术路线

上说明理想信念是意识形态的内在需求，价值观与意识形态是“硬核”与“保护带”的关系。三是为理论创新提供基本的加工工具。在对研究成果和基本理论的陈述、组织和结合中，文献研究法发挥着提供研究资料、引申研究结论、调整研究视角、提供基本事实、完善研究方法等多种作用。

二 历史研究法

历史研究法是按照历史事件的时序，通过对历史资料的研究分析、抽绎和整理，还原研究对象的历史状态，并以此为基础分析现状及预测其未来走向的一种研究方法。历史研究法并不满足于描述历史事件或历史活动本身，其实质在于透过历史事实探究历史事件背后的规律和事件演变的逻辑。对我国近现代学术体制及学术价值观的发展变迁过程进行历史分析，从中发现学术价值观形成及演化的历史条件和基本过程，是研究高校青年教师学术价值观培育的重要方法。通过对学术体制发展的历史考察，把握学术价值观变迁的基本形态。运用历史研究法对我国近现代学术体制及学术价值观的历史演变进行研究，通过对历史的分析得到支持本研究的资料。

三 要素分析法

通过对学术价值观的初步考察，得出学术价值观是一个复杂的系统的结论，进而对其构成要素及结构关系进行深入分析。价值导向、价值目标、价值基础、价值调节是学术价值观的构成要素。从价值理想、价值目标、价值标准、价值体现四个方面对学术价值观的基本价值范畴进行系统分析；从纵向和横向两个维度对学术价值观系统构架进行分析。

四 系统分析法

系统分析法是把要解决的问题作为一个系统，对系统要素进行综合分析，找出解决问题的可行方案的方法。本书通过系统分析法，总结出西方思潮的冲击、社会环境的影响、学术管理的异化、道德教育的弱化、工作生活的压力等是高校青年教师学术价值观产生问题的原因。

第五节 研究价值与创新之处

价值观是国家思想文化、意识形态体系中最核心的内容，是国家社会大系统的“软件”。研究学术价值观的根本目的在于揭示学术研究活动的内在逻辑及学术价值现象的内在规律，帮助高校青年教师树立正确的学术价值观，调节、规范他们的学术行为，使其更加符合学术研究的规律，从而构建一个真、善、美、利和谐统一的学术世界，满足高校青年教师生存的需求，以及享受学术研究过程和发展学术实现自我价值的需要，促进其自由而全面的发展。

一 研究价值

理论价值：从社会、经济和文化系统等外源性因素和高校青年教师学术价值观形成发展的内生性因素双重视角入手，探究高校青年教师学术价值观产生问题的原因，为探寻学术失范治理路径提供新的理论视角。运用价值哲学理论分析学术价值观的构成要素及其结构关系。通过过程研究，分析理想信念、学术价值观自发—自觉—自为的发展过程，探寻学术价值观形成、发展过程。从社会系统、文化系统和人格系统等角度深入分析学术价值观形成、发展的影响因素，进而构建社会—文化—人格—价值观系统结构模型，尝试构建学术价值观作用机理的链式分析模型。讨论了学术价值的真、善、美、利，分析了学术价值理想、学术价值目标、学术价值标准和学术价值体现的内涵，尝试构建一套学术价值观体系。从纵向和横向维度分析了学术价值观的结构关系，扩大和丰富了价值哲学研究的领域和内容。

实践价值：学术乃天下之公器，事关社会兴衰、民族存亡。我国古代就非常重视学术及其规范问题，认为学术直接关系人心之正邪、天下之治乱。李颙（1996）在《二曲集》“匡时要务”卷中写道："天下之治乱，由人心之邪正；人心之邪正，由学术之明晦；学术之明晦，由当事之好尚。所好在正学，则正学明，正学明则人心正，人心正则治化淳；所好在词章，则正学晦，正学晦则人心不正，人心不正则治化不兴。"因此，"欲醒人心，惟在明学术"。学术价值观有利于引领多元、多变、多样的社会意识，对高校青年教师学术价值观进行有效引导直接关系学术思想文化建设。本研究可为我国高校青年教师学术实践活动提供一套价值规范，用以指导其学术实践活动。

二 创新之处

（一）选题视角有所创新，拓宽了价值观的研究视野

从价值哲学的视角界定了学术价值观的概念，探究了学术活动背后的价值要素，揭示了学术与价值的内在关系，分析了学术价值观的构成要素与结构关系，探寻学术界普遍的"价值共识"或"价值规则"，进而提出了一个学术价值观的解析框架，对当前高校青年教师树立正确的学术价值观、治理学术失范具有一定的理论意义和实践价值。

（二）系统分析高校青年教师学术价值观错位的原因，为学术失范治理提供了一种新的路径

在剖析高校青年教师代际特征的基础上得出结论，认为高校青年教师学术价值观总体是积极的，但也存在功利化取向、崇尚价值多元、学术信仰缺失、个人主义倾向等问题。从社会、经济和文化系统等外源性视角和高校青年教师自身学术价值观形成发展的内生性视角深入探究高校青年教师学术价值观产生问题的原因。

（三）深入学理关系，探讨学术价值观形成、发展过程，初步构建了一套学术价值观体系

从主体、内容、方法、路径和环境等方面提出高校青年教师学术

价值观培育的对策。尝试构建一套以学术理想信念（自由）为内核、以体现学术研究的核心价值目标（求真）和最高价值目标（创新）为中心、以学术研究的价值标准（质量）为准绳、以学术研究的价值体现（利益）为导向的学术价值观体系。在价值学视域的横向维度坚持青年教师个体学术价值观（理性）、学术共同体的学术价值观（合作）、社会层面的学术价值观（独立）相统一，在价值学视域的纵向维度坚持知（学术价值认知）、情（学术价值情感）、意（学术价值意志）、行（学术价值行为）相融合的学术价值观框架，以此确立一个以学术价值的本质、认知、意识、内化、外化为五大支点的学术价值观体系。

第二章
学术价值观的基本概念与理论基础

什么是学术价值观？它有哪些构成要素？这些要素的内部结构关系如何？本章运用价值哲学理论，分析学术与价值同构的基础，明确学术价值观的构成要素及其内在关系，形成一个学术价值观的理论分析框架，找到学术界的“价值共识”或“价值规则”，为学术价值观的培育实践奠定理论基础。

第一节　学术价值观的基本概念

要研究学术价值观，首先要搞清楚什么是学术，它的内涵是什么。如果研究对象概念不清，则容易导致研究结论偏离研究目标。

一　学术的概念界定

何谓学术？《辞海》将其界定为“较为专门、有系统的学问”。对于“学术”内涵的界定，近年来，国内比较典型的说法有以下几种：陈学飞、刘新芝（2003）认为学术是“比较专门、比较系统的知识，即所谓学术（academic）或高深学问（higher learning）”，张俊宗（2004）认为“学术是与知识相联系的概念，是人类对自然、社会以及人自身真谛的探求与认知，它既是知识活动的过程，又是知识活动的结果”，张林祥（2001）认为“现代社会，学术的严格意义是基于‘学科’的知识活动及其结果，而不是‘学问’”。关于学术，梁启超（1999）在《学与术》一文中指出：“学也者，观察事物而发明其真理者也；术也者，取所发明之真理而致诸用者也。例如以石投水则沉，投以木则浮。观察此事实，以证明水之有浮力，此物理也；应用此真理以驾驶船舶，则航海术也。研究人体之组织，辨别各器官之机能，此生理学也；应用此真理以疗治疾病，则医术也。”在他看来，“学”即探究高深学问，是认识论层面的概念；“术”就是方术，即应用学问的技术方法，是方法论层面的概念。“学术”就是学问及获得、应用学问的方法。相当于我们现在所说的科学及技术。在论述“学”与“术”的关系时，梁启超（1999）进一步指出：“学而不足以应用于术者，无益之学也。”他在这里主要强调学以致用，即学术的实用性。用马克思的话来说，学者搞学问做研究不仅仅是为了“解释世界”，还是为了更好地“改造世界”。

在英语语义里，“学术”（academic）这一概念源于欧洲狭义经典学术观，含有在大学中探索哲理、主张非实用性的意思。就是说，学术是经过特殊训练的人所进行的活动和创立的知识体系。在国外，对学术内涵的认识分为古典（经典）学术观阶段和现代社会多元学术观阶段。古典（经典）学术观以欧洲传统大学学术活动为基础，认为人们从事学术活动的目的是求知，而大学就是天然的求知场所。学术就是受过系统而专业的教育、训练的人在特殊性、专业性环境中从事的以非实用性为目的的探索性活动。中世纪时期，欧洲大学的学者“并不追求知识的实际应用，而只是遵循从知识到知识的逻辑，不断地从理论上进行知识推演……知识的应用是为了获得更高级的知识，而不是去解决生活和生产中的现实问题”（张应强，2000）。古典（经典）学术观一直延续了千余年，在世界学术发展史上发挥了重要的作用。直到 20 世纪 30 年代，美国高等教育学家布鲁贝克（1987）对学术的内涵进行了深入研究，并从作为人类认知的结果（状态）与人类认知的过程（行为）两个维度对学术的内涵进行了细分。作为人类认知结果的学术就是高深学问或知识本身，是人类认知的一种载体，追求真知是学术研究人员的理想，我们通常说的“为知识（学术）而知识（学术）”“为真理而学术”就是从学术这一层面的内涵而言的。这里所说的“知识”有别于我们日常生活中的常识性知识，它是用于探索未知的高深学问——“它忠实于真理，不仅要求绝对忠实于客观事实，而且要尽力做到理论简洁、解释有力、概念文雅、逻辑严密”。它是绝对自由的，“学术在本质上必须是独立自由的，不能独立自由的学术，根本不能算是学术”。（贺麟，1941）作为人类认知的过程（行为）的学术则是学术研究人员探索、创造、应用并传播知识的过程，体现的是学术生产的一般逻辑。

随着社会现代化的进一步推进，各行业的分工日趋精细化，知识生产的状态日益多样化，古典（经典）学术观的弊端逐渐凸显。为了回应社会针对高校教师只重视科研，忽视教学的责难，1990 年美国著名教育家、卡内基教学促进基金会前主席波伊尔（2004）出版了其经过大量调研形成的报告《学术水平反思——教授工作的重点领域》，突破了传统经典学术观的局限，提出了多元学术观。在书中，他首次提出“教学学术”的概念，并根据学术活动的不同阶段和内容把学术活动分为探究（发现）的学术（scholarship of discovery）、整合（综合）的学术（scholarship of integration）、应用的学术（scholarship of application）和传播（教学）的学术（scholarship of teaching）等四个相互关联的不同类型。探究（发现）的学术指传统意义上的知识探究与创造，这是学术的核心内涵，对应学者的研究能力。整合（综合）的学术指随着各学科知识的逐渐成熟完善，研究的深入开展，许多科学难题产生了，需要通过学科知识之间的交叉融合，创造新的观点、新的方法，以得到新的结论。应用的学术指随着社会的发展，科技与社会的联系日益紧密，社会进步越来越依赖科技发展特别是新技术的推动。人们意识到科技对人类社会的推动作用，“科学技术是第一生产力”的观念深入人心。传播（教学）的学术是指通过教学活动传播与传承知识。没有学术研究，教学就没有知识可教可传，反之，如果没有教学活动，学术创造的知识也无法得到传播和传承。波伊尔（2004）强调：“虽然我们希望将这四种学术形式作为独立的个体，但我们希望大家明白它们还是相互关联的，并且经常重叠的、相互依赖的整体，每一种独特的形式都包含了其他三种学术形式的每一个。”

马克斯·韦伯（1998）根据人们对学术及其价值的理解，归纳出五种典型的观点：第一，学术是“通向真实存在之路”；第二，学术是“通向真实艺术之路”；第三，学术是“通向真实自然之路”；第四，学术是“通向真实上帝之路”；第五，学术是“通向真实幸福之路”。这五种学术观的形成与西方科学知识系统和学科的发展大体一致。“通向真实存在之路”的学术观大体反映了古代社会哲学知识的发展状况；“通向真实艺术之路”的学术观大致反映了“文艺复兴”时期艺术知识的发展状况；“通向真实自然之路”的学术观大体反映了近现代社会自然科学的发展状况；“通向真实上帝之路”的学术观大致反映了中世纪及近代改革时期神学知识的发展状况；“通向真实幸福之路”的学术观大体反映了现代社会应用性的科学技术知识的发展状况。韦伯把学术看作人类的理性化的知识，基于此，他提出了学术活动的价值中立原则和学术的非政治化等观点。

综合学者们的已有研究成果，本书认为，从字义上理解，“学术”含有两层意思：一是指学问、道理、真理，是认识的对象和目标；二是指获得学问、道理、真理的过程、方式。现代意义上的“科学”“技术”都包括在“学术”概念中。在现当代语境下，本书将“学术”的内涵界定为：学术是受过系统专业教育的人探究及应用高深学问的活动及其结果。它包括科学研究、技术发明及成果转化应用等活动及其结果。此定义包含以下几个要素。

第一，学术的场域是学术界（或学术共同体）。正如布鲁贝克（1987）所言："学术就像一个'场'抑或一种'域'，学者一旦置入这种'场域'，其思维转向、价值取向以及行为方式等诸多方面，都表现为以学术为轴心的生存逻辑，甚至学术成为其生活内容的全部。"

第二，学术的主体是学者。他们既要经历系统的专业教育和训练，还应遵守学术价值规范，养成相应的学术人格和品质（社会责任感），承担相应的社会责任。学者具有学术研究活动主体和普通社会成员双重身份。

第三，学术的主要任务是探究高深学问，以及创造、应用并传播新知。

第四，学术的最终目标是追求真理、揭示规律，即通过探索科学形成发展规律。

二　学术的特性

学术的普遍性。学术活动的目的是追求真理、创造知识。真理、知识是客观的，因此，学术活动的规律和结论也是普遍适用的，不因国别、种族、个人而不同。学术的普遍性也是学术的客观性，它要求我们坚持客观公正的原则，按照学术的内在价值和基本规律对学术活动做出评价和认知，不迷信权威，不教条，不唯上，不唯书。

学术的公有性。"夫学术者，天下之公器也。""天下之公器"的本质，决定了一切学术成果归人类公有，属于人类共同的财富，任何人都有利用的权利。学术的公有性要求学术研究人员必须向全社会公开其学术活动成果，与社会成员特别是学术共同体成员共同分享。学术代表的是公共利益。学术的公有性要求学术研究人员正确处理自己与利益相关者的关系，正确认识个人在学术研究活动中的地位。美国作家亨利·大卫·梭罗曾在日记中写道："我愿给人们送去我的财富，我衷心向他们奉送我最珍贵的礼物。我愿像蚌那样为人们分泌珍珠，像蜂那样为人们产下蜂蜜。我要为大家筛选每一道阳光。我知道我不会保留任何财富。我除了为大家服务的能力外别无任何私有财产。这是唯一的个人财富。每个人都能这样天真地富有。我包藏起珍珠，将它养育长大。我愿将生命中我愿意再次度过的时光赠送给大家。”（转引自库利，1989）对于学术与社会的关系，费希特（1984）在《论学者的使命 人的使命》中也指出：“每个人都必须真正运用自己的文化来造福社会。谁也没有权利单纯为自己过得舒适而工作，没有权利与自己的同胞隔绝，没有权利使自己的文化于他们无益，因为他正是靠社会的工作才能使自己获得文化，从一定的意义上说，文化是社会的产物，社会的所有物，如果他不愿由此给社会带来利益，他就是从社会攫取了社会的所有物。”可见，要使学术造福于社会，学术研究者不能只追求个人的“私利”。正如费希特（1984）所言：“学者的使命主要是为社会服务，因为他是学者，所以他比任何一个阶层都更能真正通过社会而存在，为社会而存在。”“由此，就产生了学者阶层的真正使命：高度注视人类一般的实际发展进程，并经常促进这种发展进程。”

学术的自由性。自由性意味着人类有自由形成意见并且无保留地发表意见。德里达（2001）认为，学术的自由性就是“对任何事物进行无条件的追问，对任何真理进行无条件的质疑，对任何权威进行无条件的反抗”。学术自由包括研究领域、研究内容、研究方法、研究结果及其应用方面的自由。学术自由不是绝对的自由，学术自由须以不妨害别人的自由为前提。英国哲学家约翰·密尔（2007）说：“个人的自由必须约制在这样一个界限上，就是不使自己成为他人的妨碍。”不应以自我的自由，造成别人的不自由。在自然状态下，绝对自由是存在的。但是，在现实世界中，绝对自由是不可能存在的。在现代国家状态下，绝对自由是不可能存在的，要“坚持学术自由和学术规范相统一”。

学术的独立性。学术应该是独立的，学术研究人员在进行学术研究时也应该是独立的。任何学术探究活动都是由个人独立思考并实践完成的，那些以群体或团队合作形式承担的项目，最终也是由一个个的学术研究成员通过学术共同体形成研究团队而完成的。正如我国哲学家贺麟（1941）先生所言：“学术在本质上必须是独立的自由的，不能独立自由的学术，根本不能算是学术。学术是一个自主的王国，它有它的大经大法，它有它神圣的使命，它有它特殊的范围和领域，别人不能侵犯。”

学术的专业性。专业性是指在学科的知识领域内，学者在进行学术研究时所研究的知识是一种高深的知识。学术活动的专业性来源于人类认知的有限性，弗莱克斯纳（2001）提出：“知识的进步首先依靠人为的简化，系科之所以建立，不是因为生活或物质世界是简单的，而是因为不限定知识研究领域就根本不可能通过观察或实验取得进步。”学术的专业性使得学科知识随社会的分工与发展而分化，由此推动了职业的分化。

三　价值、价值观与学术价值观

对“价值”“价值观”含义的理解，可谓仁者见仁，智者见智。马克思主义哲学认为：“价值是指在实践基础上形成的主体和客体之间的意义关系，是客体对个人、群体乃至整个社会的生活和活动所具有的积极意义。”（马克思主义理论研究和建设工程重点教材编写组，2021）我国学者大都认为价值是关系范畴，认为价值是主体与客体之间的一种特殊关系，即意义关系。还有学者提出了效应说，认为价值是客体对主体的一种效应。认为价值由主体需要决定的满足需要论，在我国价值哲学中占主流，居主导地位。满足需要论认为价值具有主体性，表现为主体对客体的作用，即客体满足主体的内容和程度。显然，满足需要论从单极思维的角度片面强调价值的主体及主体性，忽视了价值的客体及客体性的作用，是一种唯主体论。

我国还有一些学者主张以人学为基础去认识价值及价值观，进而指出人既是价值的设定者又是价值本身。人学价值论有两种具体表现形式：一种认为人对客观事物的评价就是其价值，是人作为主体给予了客观事物价值，客观事物离开人也就无所谓价值；另一种认为价值就是人期望、追求、喜欢、向往的东西。显然，人学价值论也是一种唯主体论。

晏辉（2009）认为："价值观是一个人或一个组织对当下事物以及将来事物是否具有价值、有多大价值、应该具有何种价值的信仰、信念、认知、情感以及意志的总称。"百度百科将价值观界定为，"基于人的一定的思维感官之上而作出的认知、理解、判断或抉择，也就是人认定事物、辩定是非的一种思维或取向，从而体现出人、事、物一定的价值或作用；在阶级社会中，不同阶级有不同的价值观念。价值观具有稳定性和持久性、历史性与选择性、主观性的特点。价值观对动机有导向的作用，同时反映人们的认知和需求状况"。

其实，价值观（values）源于拉丁语词根 valeo，其本义是"坚强起来"。价值观不仅是对客观价值事实、价值关系的认识做出的实然的价值判断，还是对应然的价值理想做出的设想性的价值判断的期许。价值观是植根于人们内心的理想、标准（准则），如树之根基，让人在复杂的环境中保持定力，坚定自己内心的方向；是人们行为的驱动力，使人在挫折、失败和曲折中坚持前行。个体价值观的形成是在一定的社会、经济、文化环境影响下人们对价值关系内在的知、情、意、行等心理诸要素相互促进、相互协调的辩证运动过程，社会系统、文化系统、人格系统共同孕育了个体的价值观。个体价值观是社会价值观的内化与外化的统一。

任何一个社会的价值体系中，都存在着社会的价值理想、价值导向和价值规范与个人的价值目标、价值取向和价值认同之间的矛盾。通俗地说，就是“我们到底要什么”的社会总体方向与“我到底要什么”的个体价值目标及价值取向之间的矛盾。对此，马克思、恩格斯曾在《德意志意识形态》中说：“随着分工的发展也产生了单个人的利益或单个家庭的利益与所有互相交往的个人的共同利益之间的矛盾；而且这种共同利益不是仅仅作为一种‘普遍的东西’存在于观念之中，而首先是作为彼此有了分工的个人之间的相互依存关系存在于现实之中。正是由于特殊利益和共同利益之间的这种矛盾，共同利益才采取国家这种与实际的单个利益和全体利益相脱离的独立形式，同时采取虚幻的共同体的形式，而这始终是在每一个家庭集团或部落集团中现有的骨肉联系、语言联系、较大规模的分工联系以及其他利益的联系的现实基础上，特别是在我们以后将要阐明的已经由分工决定的阶级的基础上产生的。”（马克思、恩格斯，2012，第1卷：163～164）

在现实社会中每个人的价值理想与价值取向看似各不相同，而且因时因景而变，是主观随机性的，每个人根据个体性格、个人利益甚至是主观情绪随机选择，但是透过个人这些各不相同的价值选择，就会发现：个人的价值目标总是“取决”于社会的某种价值理想；个人的价值取向总是“取向”社会的某种价值导向；个人的价值认同总是“认同”社会的价值规范；个人的价值选择总是“依据”某种社会的价值标准。因此，在社会的价值体系中，社会的价值理想、价值导向、价值规范和价值标准总是处于主导和支配的地位，总是起着决定性的作用。

这种决定性作用主要表现在个人的价值取向中的社会内容、社会性质和社会形式这三个方面：从个人价值取向的社会内容上看，总是表现为具有社会性质的社会正义、政治制度、法律规范、道德伦理、人生意义等问题，而不是没有社会内容的所谓纯粹的个人问题；从个人价值取向的社会性质上看，总是表现为具有社会性质的真与假、善与恶、美与丑、集体利益与个人利益、整体利益与局部利益、长远利益与暂时利益等问题，而不是与社会无关的所谓纯粹的个人问题；从个人价值取向的社会形式上看，总是表现为作为社会意识形式的宗教、艺术、伦理、科学和哲学，而不是与社会意识形式无关的所谓纯粹的个人表现。

改革开放以来，人的存在方式及自我意识在社会转型过程中发生了深刻的变化，不可避免地形成了相互冲突的社会心理和社会思潮，从而形成了各不相同的个人价值取向。但是，透过这些五花八门的个人价值取向，总能发现蕴藏在其中的社会性内涵。社会的价值导向，是以其时代性的社会内容、普遍性的社会性质和可操作性的社会形式去表达社会的价值理想和价值规范，引导个体“认同”和“取向”社会的价值理想和价值规范。因此，个人的价值取向也在一定程度上体现了其所在社会的内容、性质和导向，这说明社会价值导向对社会成员的价值取向的支配和决定作用。社会生活表明，个人价值取向的总体倾向，总是取决于社会基本的价值导向；个人价值取向的困惑，源于社会价值坐标的冲突或者说震荡。因此，一个社会的价值文化和价值体系的扭曲，必然造成人的生活意义的扭曲、变形和失落。解决个人价值取向的矛盾，首先必须解决社会价值导向的矛盾。

学术价值观是学者的立身之本，是一个在任何时候、任何地点都相同、相通的概念。对于学术价值观的内涵，罗志敏（2010）认为，它“是学术人这一实践主体在从事学术活动过程中所把持的对学术价值进行评价、判断、选择的内在尺度”。

作为一种特殊的人类活动，学术研究是人类运用掌握的专业知识和技能揭示自然发展规律，探索人类社会运行规律，创造新知识，发现新规律，取得新认识，进而利用取得的研究成果改造主客观世界的活动。因此，本书认为，学术价值观是学者们在一定的历史条件和文化背景下对学术活动及其关系的认知、理解、判断或抉择的观点，是学者对学术活动进行评价、判断、选择的内在尺度。学术价值观是价值观在学术研究活动上的集中反映，反映了学者对学术和学术研究活动的态度、愿望和追求。它由学术目标的价值导向、学术活动的价值调节、学者与相关者的利益关系、学术行为的价值规范等四个基本要素构成。学术价值观体系包括两个方面或两个维度，即作为客体（客观）的学术价值观体系，如自由、求真、创新、质量、利益等；作为主体（主观）的学术价值观体系，如自由观、真理观、创新观、质量观、利益观等。

从学术价值观的功能方面来说，它也是一种学术道德规范和规则。“德”字的“二人、十目、一心”便揭示了学术价值观的道德约束功能。

“二人”指学术的公共性，它是学术的价值基础。学术乃天下之公器。完全个人的事情属于个人兴趣、嗜好与隐私，譬如日记写作，这不属于学术的范畴，当然也不受学术价值观的约束。但作为进入大众视野的学术论文、专著，就涉及复杂的社会关系问题。所谓“己所不欲，勿施于人”，学者在渴望自己的研究成果得到社会认同的同时，应当考虑到对别人研究成果的尊重。也正因此，才会将引文、参考文献、致谢等作为研究成果不可分割的部分。在渴望自己能够看到佳作时，也应当考虑自己的研究是不是正在制造学术垃圾。也正因此，才会将“创新性”“可读性”作为学术研究的必备基础和重要目标。

“十目”指学术的公有性，它是学术的价值原则。怎么做才是符合学术道德规范的？什么样的学术价值观才是对的？其实很简单，就是把自己的成果公布出来以后，引起的应该是学术观点的争鸣，而不应该是对于学者人品道德的争论。“十目”就是可以让任何人看，没有什么可以隐藏的。

“一心”指学术的价值理想（信仰），是学术价值观的培育途径。学术价值观不是技术规范问题，也不是文章的写作格式问题，而是如何静下心来真正进行学术研究的问题，它关涉对待学术的态度，是一个人对待学术研究的心态和观念问题。所谓“《诗》三百，一言以蔽之，曰‘思无邪’”，“思无邪”就是学术价值观追求的境界和学者对待学术的心态。不唯职称评定而学术，不唯个人功利名望而学术，不唯朋友私情而学术，唯真理、唯社会公共利益而学术才是正确的学术价值观。“道不用修，但莫污染。何为污染？但有生死心造作趋向，皆是污染。若欲直会其道，平常心是道。”（赖永海，2019）把握住了这“平常心”，也就树立了真正的学术价值观了。

第二节　学术价值观的学理基础

学术活动在本质上是一种探索自然、社会和人自身的运行规律，形成高深学问与新知识的人类活动，学术活动的对象是自然、社会及人类自身，学术活动也是一种创造价值的人类劳动，因此学术活动中必然存在主客体间的各种利益关系。而学术价值观是学者们在一定的历史条件和文化背景下对学术活动及其关系的认知、理解、判断或抉择的观点，是学者对学术活动进行评价、判断、选择的内在尺度。这里的人既是西方古典经济学理论下的“经济人”，也是价值哲学意义上的“道德人”，是“经济人”与“道德人”的统一。

一　学术价值观的人性论基础

人既是一种自然存在物，也生存于自身所创造的文化和社会之中，是一种复杂的社会关系的集合体。作为一种自然存在物，人的各种需要及其满足是人类生存的前提，也构成了人类社会发展的原动力。人的各种需要（包括物质和精神的、生理和心理的）使人无法摆脱对需要的满足和对自利的追求，从而扮演“经济人”的角色；尽管受到各种理论特别是伦理学和人本主义经济学的挑战，但“经济人”

假设似乎已经成了无须论证的前提，它构成了西方古典经济学的逻辑前提。自17世纪英国哲学家霍布斯在“性恶论”基础上建立“人性自私论”，直到20世纪中叶美国经济学家加里·斯坦利·贝克尔进一步提出“效用最大化”学说，“经济人”假设无不显示出其作为经济学理论基础的作用。现在，理性经济人、帕累托法则、边际效应、机会成本等已成为当代西方经济学的理论基础。高鸿业（2000）提出：“在微观经济分析中，根据所研究的问题和所要建立的模型的不同需要，假设条件存在着差异。但在众多的假设条件中，至少有两个基本的假设条件。第一，合乎理性的人的假设条件。这也被称作‘经济人’的假设条件。‘经济人’被视为经济生活中的一般人的抽象，其本性被假设为是利己的。‘经济人’在一切经济活动中的行为都是合乎所谓逻辑的，即都是以利己为动机，力图以最小的经济代价去追逐和获得自身的最大的经济利益。第二，完全信息的假设条件。其主要含义是指市场上每一个从事经济活动的个体（即买者和卖者）都对有关的经济情况（或经济变量）具有完全的信息。”同时，作为一种文化和社会存在物，人不能脱离社会而存在，是各种社会关系的集合体。人们在创造条件满足其各种需要和利益的过程中，必然形成各种社会关系，作为各种社会关系的总和，人被打上了社会的烙印，遵守社会规则是人生存的首要条件，从而扮演社会现实中的“道德人”角色。

因此，在现代社会市场经济条件下，对创造知识活动的真、善、美，即学术活动是否合理、合规、合法等价值层面的考量是学者从事学术活动的内在动力，对创造知识活动的“利”，即经济利益层面的考量是学者从事学术活动的直接动力。因此，学术活动是学术价值规范与学术利益驱动共同作用的结果，学术活动的宗旨是追求真、善、美、利的协调。在学术活动中，按照学术价值规范，学者首先应该维护社会利益、公共利益，坚持合个人目的性、合共同体规范性与合社会规律性的统一，通过学术的社会利益实现个人的学术价值，追求合理的个人利益，即韦伯（1987）所说的“理性的获利人”。然而，市场社会带来的效率、竞争等观念强化了国人对“经济人”假设的内化与价值认同，于是，大多数人以物质满足和利益追求为行为的判断依据和衡量标准，期望以最少的付出获得最大的收益，甚至为此不择手段。在这些价值观的影响下，学术界出现了形形色色的以追逐个人私利为目的的“学术”活动。

二 学术价值观的价值学基础

学术是有价值的学术，价值是学术的内在属性。从价值哲学来看，人类的一切活动都构成一定的社会关系，这种关系在价值哲学中就体现为价值。作为一项以探究高深学问与创造知识为目的的实践活动，学术活动中蕴含了主客体及相关者之间的社会关系，即价值关系，因此价值与学术密不可分。

首先，弘德扬善是学术活动的内在属性。将探究学问、创造知识及学术管理等活动中的思想凝结成一种学术文化，一种追求真、善、美的精神是学术活动的目标之一。这种文化表征为以求真、求实、创新为内核的学术精神，因此，学术精神也是一种伦理价值精神。首先，求真精神。求真是指学术活动的价值目标就是探究真知，追求真理。探索、发现、传播真理的行为不因政治的、经济的、文化的、自然的环境的改变而改变，讲真话、干真事、做真人，不惜以生命来捍卫学术之真。譬如意大利哲学家、思想家布鲁诺为捍卫哥白尼在《天体运行论》中提出的“日心说”，被活活烧死在罗马鲜花广场。其次，求实精神。求实是求真的基础，如果不坚持实事求是的学术精神，就无法实现追求真理的价值目标。唯有通过踏踏实实的学术研究，才能一步一个脚印地不断推动人类认识进步和改造客观世界的进程。由于学术活动的结果与人类的前途和命运息息相关，求真、求实是学术活动最基本的伦理精神，更是人类追求的理想之一。最后，创新精神。追求真理、探究和创造知识，要求人们保持不甘人后、开拓进取，敢为人先、勇于创新的精神境界，不满足于人类对客观世界的已有认识，不断进取，提出并解决新问题。学术的求真、求实和创新精神要求学术研究人员要始终坚持真理，笃定扬善求实，勇于开拓进取，这些精神正是学术的道德价值意蕴。

其次，任何学术都是有价值的学术。没有不创造任何价值的学术活动，学术活动是学术研究人员价值观念的客观表达。在学术活动中，学术研究人员将个体的意志品质、道德观念、理想信念、知识技能等融于探究学问与创造知识的每一个具体的学术行为之中，并潜移默化地影响学术共同体中的其他成员，然后再传导给其他社会成员。如果学术共同体成员认同并内化了这些价值观念，那么学术活动中的价值关系就会对个体的学术行为形成明显的约束，成为个体学术行为与学术评价的依据。学术观念决定学术行为，学术行为是学术观念的体现。每一项学术实践活动的背后，都隐藏着学术研究人员的价值观念，这是学术研究人员进行价值判断的依据。

三　学术与价值耦合的学理基础

在学术与价值的结构关系中，学术与价值同构的基础是利益，管理充当学术与价值连接的中介，公正是检验学术实践的价值尺度。

（一）利益：学术与价值同构的基础

利益在本质上属于社会关系的范畴，人类在改造客观世界的活动中，习惯于把自己不同的需要通过社会关系的形式进行表达。由于人的需要是多方面的，就形成了多种社会关系，进而形成了各种利益关系，如物质利益（也称经济利益）、政治利益等。其中物质利益是人类社会最根本的利益，它表现为劳动产品的占有关系。因此，马克思说："人们奋斗所争取的一切，都同他们的利益有关。"（马克思、恩格斯，1956，第 1 卷：82）“这种利益是如此强大有力，以至顺利地征服了马拉的笔、恐怖党的断头台、拿破仑的剑，以及教会的十字架和波旁王朝的纯血统。”（马克思、恩格斯，1957，第 2 卷：103）；恩格斯也说：“每一个社会的经济关系首先是作为利益表现出来。”（马克思、恩格斯，1964，第 18 卷：307）而利益的主体，分为个体、群体和社会三个层面。万晓光（2007）认为：“利益问题是一个关涉到人的存在和发展的根本性问题。人的全部社会活动，都莫不与利益和对利益的追逐有关；人们之间的全部社会关系，也都是建立在利益关系的基础之上的。”在学术研究活动中，学术研究人员与研究活动的相关者及研究对象之间构成了各种关系，形成了各种利益。从这个意义上说，学术与价值同构的基础是利益，没有无利益的学术。用不同的标准可以把学术利益分为不同的类别，从利益主体维度，可分为社会利益、群体利益与个人利益；从空间维度，可分为整体利益与局部利益；从时间维度，可分为长远利益与眼前利益。近代以来，学术研究逐渐成为一个专门的职业，随着社会发展，学术职业化程度越来越高，学术与社会经济的联系越来越紧密。学术活动的经济利益成为衡量学术价值的重要指标，对学术活动利益的追逐，成为现代社会学术活动的直接推动力。学术的经济价值僭越了学术的内在价值。

学术不以获得个人利益为目的，但它并不排斥通过学术研究获得正当的个人利益，只是不应过度追逐个人利益。张传开、汪传发（1997）提出：“对整体利益的强调，对于形成社会稳定发展的机制和强化民族凝聚力，已由历史证明具有相当程度的积极作用。但是，也由于对整体利益的过分强调与对个体利益的过分忽视，使得整体之利由于缺乏具体体现者而带有抽象的性质。对具体利益的追求，是现代经济运行的内在动力，从而也是效率原则发挥作用的基础前提。”对于个人利益和社会利益统一的过程，亚当 · 斯密（2005）在《国富论》中提到，在现代社会活动中自利行为构成人类活动的原动力，人们为了实现个人利益，产生了社会分工和交换行为。在商品交换过程中，充分尊重并考虑交换对象的利益，是交换行为实现的前提，通过交换活动把现代社会因分工而形成的人与人之间的分离状态又联系起来，个人利益与社会利益并不矛盾，“经济人”追求并满足个人利益的前提是实现社会利益。在现代社会中学术活动必然带来利益，没有长期无任何利益的学术活动。从价值哲学来看，价值关系的核心是利益，价值关系本质上是利益关系。学术价值观并不忽视学术活动中的利益，相反，学术价值观源于利益，学术价值观正是为规范学术活动中的利益关系而生。“规范、协调学术活动中的利益关系”是学术价值观内在的本质的功能。总之，学术活动离不开一定的利益关系，没有无利益的学术。学术与价值同构的基础是利益，利益是学术活动的价值体现，协调学术活动中的利益关系是学术价值观的本质功能。

（二）管理：学术与价值连接的中介

程孝良（2014）认为：“学术管理是学术机构或组织按照学术运行的规律，通过制定学术活动规则或一定的制度手段组织学术活动，约束学术行为，处理学术价值关系的活动。”学术管理的功能分为两个层面：一是发挥管理学术事务的一般性功能，如制定学术发展规划、设置学术机构、配置学术资源、协调学术关系等；二是发挥管理学术事务的个性化功能，如根据不同学科特点制定具体发展规划与评价标准、针对具体的学术活动提出具体的利益关系处理意见等。充分认识学术运行的特点，把握学术的内在规律，尊重学术权力，是学术管理的前提和基础。在学术活动中，学术资源的合理配置、学术利益的合理分配、学术活动效能的有效发挥，离不开规范的管理制度、科学的管理方法和先进的管理手段。作为协调学术活动中利益相关者的价值关系的价值观念和价值规则的集合，学术价值观是学术活动中最基本、最重要的学术管理制度（规则）。学术价值观的作用主要体现在运用学术价值规范约束学术研究人员的行为和调节学术活动中的利益关系两个方面。

（三）公正：检验学术实践的价值尺度

公正是学术活动的基本准则和价值追求。对此，罗尔斯（1988）在《正义论》中说："正义的主要问题是社会的基本结构，或更准确地说，是社会主要制度分配基本权利和义务以及决定分配社会合作所得的利益方式。"这里的正义包含两个原则，一是平等的自由原则，二是公平的原则。所谓平等的自由原则是指一个社会制度作为人的自然之权利应该自由地获得。所谓公平的原则就是指社会成员在社会生产中所产生的公共利益和公共资源能够公平地分配。在罗尔斯看来，作为公平的正义所体现的是一种社会分配原则。随着经济全球化、文化多样化、学术体制化的深入推进，在现代社会中，学术研究活动的类型更加多样，学术主体及相关者之间的利益诉求更加多元，价值取向与价值标准出现分化，不可避免地带来了主客体间的利益冲突。在相对复杂的利益格局中，如何调节各方的利益关系，满足合理的利益诉求，在贡献与收益、责任与回报之间形成一种利益均衡的局面？公正原则是恰当处理各方关系，维系良性的学术秩序不可或缺的价值尺度。实际上，由于学科、类型、目标的差异，不同学术活动的运行规律各不相同。不同类型的学术活动有没有共同的属性？如何利用价值尺度去衡量其学术价值？公正是价值哲学的核心范畴，是古今中外最基本的价值原则，也是协调学术价值关系的重要尺度。从公正原则出发，要求学术研究人员树立诚信意识，坚持实事求是的学术作风，锤炼正直不阿的品质，从研究活动的实际出发，及时发布真实、准确、全面的学术成果和理性、客观、公正的学术观点。对学术管理活动而言，坚持公正原则就要求管理者秉持公平、公开、公正的原则对待资源配置、学术评价等一切学术管理活动。

第三节　学术价值观的构成要素与结构关系

学术价值观由学术目标的价值导向、学术活动的价值调节、学者与相关者的利益关系、学术行为的价值规范四个基本要素构成。从价值哲学来看，学术价值观不仅是学术活动中主客体的价值诉求的体现，也是用以规范学术价值关系的观念和准则，从这个意义上说，学术价值观是学术与价值内在的双重逻辑的统一。价值规范是学术活动运行的基本规则，利益关系是学术活动的本质规定，公正是学术活动的价值尺度。

一　学术价值观的构成要素

要素是指构成一个客观事物并维持其运动的最小单位，是构成事物的必要元素，也是组成系统的基本单元，是系统产生、变化、发展的动因。在学术价值观内部，有以下四个要素。

（一）学术目标的价值导向

每一项学术活动都具有独立的学术目标。从时间维度看，有长远目标、短期目标，从空间维度看，有整体目标、局部目标。从学术的本质属性来看，学术活动的最终目标是发挥每个人的潜能和创造力，创造知识，以科技成果推动科技和社会发展，实现全人类自由而全面的发展，并在这一过程中实现学术研究人员的个人价值。学术研究人员在学术活动中的行为及价值选择取决于其对学术目标的内化情况。如果学术研究人员从工具理性出发，以实现个人利益最大化为学术目标和价值追求，特别是在经济高度发达的时代背景下，就容易导致人文关怀的缺失、学术精神的失落，甚至产生价值信仰危机。反之，如果学术研究人员坚持学术的公有性，始终以社会公共利益或者学术共同体的群体利益为出发点，以实现相关者利益（而不是个人利益）最大化为目标，就会在实现社会利益的同时，实现个人利益。

（二）学术活动的价值调节

学术价值目标引导并决定学术研究人员的学术行为及处理学术价值关系时的选择。学术价值观决定学术价值目标，学术价值目标通过开展具体的学术实践活动得以实现。前已述及，没有无利益的学术，任何学术活动的开展都会在内部形成具体的主体及相关者之间的复杂的利益关系，在学术活动的外部，也会形成学术与社会、学术与经济、学术与政治、学术与文化之间的种种关系。如果不对这些关系进行调节，将产生价值冲突，阻碍学术活动的正常开展。如何协调这些复杂的内外部关系？需要一套价值原则和规范，学术价值观就是用以调节这些价值关系的价值观念和价值规则。因此，学术价值观是学术活动运行的内在逻辑和现实需要，其形成过程也是创造学术价值的过程。从这个意义上说，对学术活动及其利益关系的价值调节是学术价值观的基本功能。

（三）学者与相关者的利益关系

随着通信技术和交通技术日益发达，人类活动的领域和范围越来越大，世界各国大力推进学术国际化进程，国内国际学术交流与合作越来越频繁、越来越深入，这使得学术活动内部及利益相关者之间的关系越来越复杂。在现代社会中具有重大时代意义的学术研究项目大多是由一个个的学术研究成员通过学术共同体形成研究团队而完成的。譬如在美国阿波罗计划（Apollo Program）工程高峰时期，参加者有 2 万家企业、200 多所大学和 80 多个科研机构，总人数超过 30 万人。调节学术活动中学者与相关者的利益关系，理顺学术利益关系，维护学术价值秩序是学术价值观的应有之意。众所周知，生产关系决定产品分配和交换关系，在学术活动中这种关系表现为利益关系。程孝良（2014）提出："生产资料所有制在生产关系三要素中居主导地位，决定着产品分配和交换实现程度。在学术研究活动中，作为生产资料、表现为新知识/新技术的学术研究成果的归属决定着学术利益主体及相关者的利益关系。"前已述及，没有不创造任何价值的学术，而学术的价值就表现在学术活动的各种利益关系中，包括学者与相关者之间的利益关系。可以说，没有利益关系就无所谓学术的价值，没有学术价值观对学术利益关系进行调节和约束将导致学术价值关系的扭曲。因此，学者与相关者的利益关系是学术价值观产生和发展的前提。

（四）学术行为的价值规范

任何社会都具有自己独特的社会秩序，并借以维护统治阶级的利益。社会秩序建立在一定的价值原则和价值规范之上，当学术被当作功利性的工具，用于追求物质利益时，学术活动的精神文化价值就被遮蔽了。因此，学术研究人员应从学术运行的内在逻辑出发，尊重学术的价值规范，在物质需要之外，建立独立而自由的学术价值王国。学术价值观念和价值原则在学术活动中表现为学术价值规范。一般而言，学术活动应主要遵循互利、诚信和公正的原则。互利原则，即学术活动须同时满足学者及相关者的利益，主体的价值选择与相关者的利益息息相关。诚信不仅是传统社会的道德基石，更是当代市场经济条件下人们的行为准则。坚持诚信原则要求学术研究主体及利益相关者要忠诚老实，诚恳待人，以信用取信于他人，并给予他人充分的信任。公正是人类的最高价值目标和追求，保持客观公正是学术研究的内在要求。坚持公正原则，要求学术研究主体在学术活动中不夹带个人因素、经济因素、政治因素，不戴有色眼镜，不搞因人而异。然而在现实生活中，学术活动有太多的利益纠葛，为了利益，有人忽视了学术活动本应具有的公正性和客观性要求，忘记了底线，或者本来就没有底线。

二　学术价值观的结构关系

结构是指组成整体的各部分的搭配和安排。事物的结构能从整体上反映构成事物的各要素之间的关系及其在事物中的运行状态。学术目标的价值导向、学术活动的价值调节、学者与相关者的利益关系、学术行为的价值规范四个要素之间的关系就是学术价值观的内在结构（见图2－1）。在学术价值观的内在结构中，学术目标的价值导向是学术活动的逻辑起点和目标指向，是学者与相关者之间产生利益关系的基础，也是学术活动的价值调节的目标。有什么样的学术目标价值导向就会形成什么样的利益关系，如果学术研究人员偏离了学术的公有性，从个人利益出发，就会异化学者与相关者之间的利益关系，偏离学术活动应有的目标。这种异化的学术价值关系，也会使学术活动的价值调节目标异化，它们共同导向学术价值观异化的结果。为此，应该通过价值目标导向将崇高的学术价值理想和追求内化于学术研究人员的学术价值目标中，用学术价值观引导学术目标，规范学术行为，协调学术利益。价值调节与利益关系二者相互依存，学术行为的价值原则和规范是价值调节与利益关系的逻辑中介和纽带。学术行为的价值原则和规范是对学术活动的利益关系进行价值调节的手段、规则（标准），学者与相关者之间的利益关系是价值原则和规范的对象（内容）。学术活动的价值调节是学术价值目标顺利实现的重要条件。利用价值原则和规范对利益关系进行调节的过程就是学术目标价值导向的过程，这一过程又产生新的学术利益关系，从而进一步丰富价值调节的对象和内容，并促使学术活动健康有序运行。

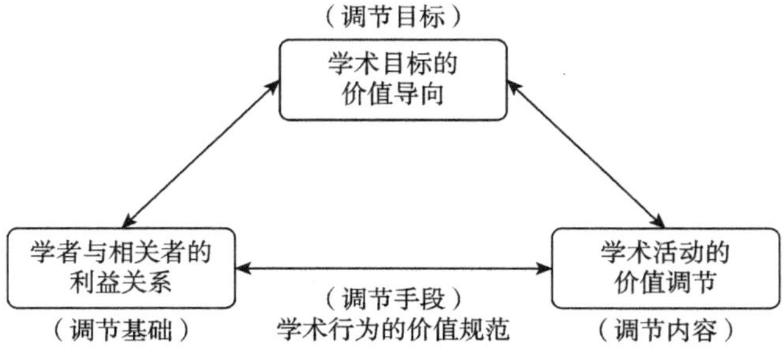

图2－1　学术价值观的内在结构

三 学术价值观的分类

美国心理学家柯尔伯格（2000）认为，人的道德认知及观念有一个从低级形式到高级形式的发展过程，并进一步将这个过程分为三个阶段：前习俗水平阶段、习俗水平阶段和后习俗水平阶段。柯尔伯格研究发现，在前习俗水平阶段，人们决策的依据是自我利益；在习俗水平阶段，人们决策的依据是所在组织（群体）乃至社会的利益；在后习俗水平阶段，个体决策的依据是社会共同遵守的道德规范和道德原则及全社会的共同利益。这就是柯尔伯格认知性道德发展模式理论的核心思想。

参照认知性道德发展模式理论，我们认为，在学术研究活动中，由于学术研究人员自身道德认知水平及社会环境等综合性因素的影响，会形成不同的学术价值观念，进而产生不同的学术行为。有学者尝试根据学术研究人员对学术价值关系（即利益）的认知情况，将学术价值观分为由低到高的三种类型。如程孝良（2014）提出“自利导向型学术价值观、规则导向型学术价值观和关怀导向型学术价值观”。所谓自利导向型学术价值观，是指学术活动以实现个人利益为出发点，以个人利益的满足程度为学术行为和处理学术利益关系的唯一依据，不考虑或较少考虑群体和社会利益。所谓规则导向型学术价值观，是指在学术活动中，学术研究人员内化了学术规范和社会规则，尊重学术活动的内在逻辑规律和相关者的利益，正确认识并协调处理个人利益与群体利益及社会利益的关系，形成相互信赖与合作共生的学术利益关系。所谓关怀导向型学术价值观，是指在学术活动中，学术研究人员在内化学术规范和社会规则的基础上，自觉地外化、固化这些价值观念，不仅使自觉遵守学术规律成为一种生活习惯，达到孔子所说的“从心所欲，不逾矩”的状态，而且将这一过程凝结成一种学术精神和学术文化，用以“化”学术共同体内部的其他成员，甚至潜移默化地影响其他社会成员，为协调社会整体利益提供一种道德和人文关怀。

现代社会的发展越来越依赖科技进步，而学术研究活动为科技革命提供了直接的成果和推动力，新科技革命在推动社会进步的同时，打破传统的社会价值体系与思维定式，形成新的利益（价值）关系，这就需要我们重新构建适应社会主义市场经济发展需要的学术价值观念和价值规范，这些新的价值观念和价值规范反作用于学术活动，从而推动学术活动取得新成果。因此，在完善社会主义市场经济体制的同时，还需构建基于社会主义市场经济规则导向的学术价值观，并为关怀导向型学术价值观提供价值基础。

在价值哲学看来，学术价值观是学术的经济理性与道德理性双重逻辑辩证统一的产物。在理论上，运用价值哲学理论研究学术行为，用道德理性规范学术的经济理性（工具属性），有助于构建适应社会主义市场经济体制的学术价值规范，丰富价值哲学理论。在实践中，把学术研究活动置于价值哲学视域之下，有助于进一步规范我国学术研究活动，防范学术界的学术失范行为。

第四节　学术价值观的基本结构

学术活动作为人的一种“有意识的实践活动”，既要符合“物的尺度”即学术内在的规律性，更要符合“人的尺度”即人的目的性。“物的尺度”（规律性）与“人的尺度”（目的性）之间的矛盾，构成学术实践活动的基本矛盾。就学术价值观体系的客体而言，学术价值观包括自由、求真、创新、质量、利益；就学术价值观体系的主体而言，学术价值观包括自由观、真理观、创新观、质量观、利益观。

一　自由：学术理想信念

自由是学术研究的价值理想。学术自由是开展学术研究的前提和理想状态，表现为“为学术而学术”。具体而言，学术研究的“自由”可归纳为独立的判断、没有预设的立场、自由言说的权利和争锋的观点，在学术活动中具体表现为学者身份的自由、话语的自由、风格的自由，以及学术独立、学术宽容、学术自治、学术自律。

学术自由思想萌芽于古希腊时期，在亚里士多德看来，学术自由意味着自由地进行学术探索。因此，学术自由的本义是为了满足人类的好奇心和兴趣与爱好而自由地探索人类自身与客观世界的规律，从而满足精神的享受和自我的个性发展。在中世纪，宗教思想束缚了学术研究的开展，学术自由思想的内涵并未得到充分展现。西方学术自由思想传统的真正形成始于近代，到了 18 世纪，西方资本主义国家经济和科学技术的飞速发展为学术发展提供了经济和科技条件，兴起于法国的思想启蒙运动为思想和意识形态的解放提供了思想文化条件，人们逐步从现实生活世界中、从自己身上找到了自信，崇尚自由，并把自由作为最高的精神价值追求。自此，源自古希腊时期的学术自由理念逐渐形成并在一定程度上影响和作用于人们的思想认识，也对近代大学的办学实践产生了重要影响。

18 世纪德国哥廷根大学的创办者闵希豪生是近代西方学术自由思想的早期践行者。他创办了蜚声世界的哥廷根大学，哥廷根大学创办后，中世纪以来具有至高无上地位的神学，地位开始逐步下降。19 世纪柏林大学的成立更是标志着神学主导的大学模式时代的终结。德国神学家、哲学家弗里德里希·施莱尔马赫（Friedrich Daniel Ernst Schleiermacher）和普鲁士教育改革者及语言学家威廉·冯·洪堡（Wilhelm von Humboldt）是近现代学术自由思想的集大成者。施莱尔马赫是德国柏林大学模式的设计者。1808 年，施莱尔马赫在《德国特色之大学断想录》（附：论将要建立的大学）中详细阐述了他对大学的设想：第一，独立于国家；第二，哲学学院居第一位，是大学的核心，强调哲学学科的基础性；第三，主张思想自由和思想独立，大学的目的并非知识的传授，而是自由精神、科学精神之培养；第四，主张学科知识的整体性。他的这些主张被他写进了后来由政府通过的“大学章程”，为柏林大学模式规定了基本的特征和组织框架。威廉·冯·洪堡是德国柏林大学模式的实践者。他拓展了大学的功能，主张大学具有双重任务：一是对科学的探索，二是个性与道德的修养。据此他提出关于大学的三个理念：大学应相对独立，享有学术自由；教学与科研相统一；以纯科学为目的，学与术分家。

在学术里没有绝对的权威，在自己的研究领域内每个学者都拥有裁决权和发言权。因而，应该为每个学者进行学术研究提供自由的环境，为学者的学术研究创设宽容的氛围。伯顿·克拉克强调：“学者们最大的共同之处就表现在他们都一心一意地钻研学问。但是他们的最小共同之处是那种对他们来说都是共同的知识，因为他们所研究的领域都是专门化的、互相独立的。”（转引自王承绪，1988）1953 年，郭沫若派汪篯（陈寅恪的学生）函请陈寅恪出任中科院哲学社会科学历史研究所第二所长。陈寅恪回复道：“我认为研究学术，最主要的是要具有自由的意志和独立的精神。……但对于独立精神，自由思想，我认为是最重要的，所以我说‘唯此独立之精神，自由之思想，历千万祀，与天壤而日久，共三光而永光’。……独立精神和自由意志是必须争的，且须以生死力争。正如词文所示，‘思想而不自由，毋宁死耳。斯古今仁贤所同殉之精义，其岂庸鄙之敢望’。一切都是小事，惟此是大事。”（转引自陆键东，1995）在 1956 年 1 月中共中央召开的全国知识分子会议上，中宣部时任部长陆定一力主形成尊重知识、自由讨论的学术风气。提倡学术自由，力戒学阀打压知识界的独立探索，是陆定一给中国留下的最重要的历史遗产。

然而，随着近代学术体制化的演进，学术职业化程度越来越高，学术活动与经济社会的联系日益紧密，追求经济利益成为市场经济条件下学术研究活动的重要目标之一。于是自由之精神、独立之风气与市场经济条件下的学术利益之间产生了不可调和的矛盾。在市场经济条件下，学术自由要求尊重学者的研究自由。费希特（2003）指出，一方面，学者有“自由的人的使命”，即“每一个学者，都本能地要求进一步发展科学，特别是发展他们所选定的那部分科学”；另一方面，学者有“社会的人的使命”，就是学者要通过他所掌握的科学知识传授技能，服务于社会。

二　求真：学术研究的核心价值目标

求真是学术研究的核心价值目标，是学术研究的本质，“真”指自然真理。学术活动是追求真理的认识实践，坚持真理、求真务实是学术研究活动的核心价值目标，也是学术活动的价值底线。探究真理不是一蹴而就的。发现真问题是探究真理的起点，发现并提出真问题是发现真理、解决问题的前提，发现并提出真问题比解决问题更重要。发现真问题需要学者具备勇于批判和敢于质疑的精神，在解决问题的过程中，需要具备执着的信念、严谨的态度，掌握科学的方法，运用先进的手段。还需要为学术研究人员提供相应的制度保障，营造良好的学术氛围。“惟有理智的正直诚实，才是最有价值的美德。”古希腊哲学家柏拉图曾说，“尊重一个人不应该胜过尊重真理”，他的学生亚里士多德继承了他的思想，提出“吾爱吾师，吾更爱真理”的真理观，后来哈佛大学集成了哲学家们的思想，其校训“与柏拉图为友，与亚里士多德为友，更与真理为友”表明，哈佛大学重视探究真理的学术精神并将其作为办学的最高原则，重视对学生人文精神的培养和熏陶。从事学术研究的主要动机应该是“喜欢”，是追求真理、探索未知世界的兴奋。

三　创新：学术研究的最高价值目标

创新是学术的生命和第一规范，是学术研究的最高价值目标。学术创新意指学术研究要创造新知，创造新知是学术研究的终极目标和神圣使命，包括发明新范式、新方法，孕育新思想、新见解，发掘新材料、新证据、新领域、新问题。正如默顿所说的，“独创性是现代科学研究的一个主要的制度化目标，甚至是至高无上的目标”。任何学术研究都应自觉地以创新为目标，力求有新发现、新观点、新进步、新方法。为此，学术研究必须标新立异、独树一帜，或发掘新材料，提出新观点，否则就不能算是真正的学术研究。只有不断创新，科学技术才能不断促进人类社会发展和进步。纵观人类发展历史，创新始终是一个国家、一个民族发展的重要力量，也始终是推动人类社会进步的重要力量。学术是人类探究高深学问的活动，探索未知以拓宽人类的认知领域和空间，创新知识与理论以更新改造世界的方法、技术与手段，探究客观世界的运行规律以指导改造客观世界的实践活动。学术创新包括继承性创新、综合性创新和原始创新。继承性创新是在前人研究的基础上进一步发展和完善；综合性创新是归纳总结前人已有的研究成果，在本领域的学术平台上竖起一座高峰；原始创新就是填补空白的创新。创新精神指能够综合运用已有知识、信息、技能和方法，提出新方法、新观点的思维能力和进行发明创造、改革的意志、信心、勇气、智慧。这不仅要求学者富于解放思想、勇于探索、不畏冒险、敢为人先的英雄气概与开拓锐气，不满足于已有成绩，不自缚于陈旧框框，不拘泥于过往经验；更需要营造尊重科学研究的灵感瞬间性、方式随意性、路径及结果不确定性特点，允许科学家自由畅想、敢于尝试、大胆探索、认真求证的包容环境。习近平总书记在 2016 年全国科技创新大会上指出，一些基础研究领域的颠覆性突破往往发端于科研人员的奇思妙想。（王子晖，2016）科研人员中不少是怪才、奇才，往往不走一般套路。因此，不能以出成果的名义干涉学者的研究，不能用死板的制度约束学者的研究活动。学术研究是一种非常特殊的职业，它需要天赋、基础、训练以及持续不断地并且充满激情地投入大量的精力——可即使如此，也不一定能够取得所谓的成功。创新是“寂寞的长跑”“冒险的攀登”，如果没有精神支撑，就难免在长跑中耐不住寂寞，在攀登时顶不住压力，而学术价值观涵养的学术理想信念就是支撑学者在寂寞中、在压力下坚持下去的强大精神力量。失败是成功之母，科学研究是一个不断探索的过程，只有在失败中不断提取和积累成功的因子，才能厚积薄发。

四　质量：学术研究的价值标准

质量是质和量的辩证统一，是学术活动的价值标准。坚持质与量的统一，要求我们在学术活动中不唯量化、不搞学术 GDP。其实，体现学术水平的是成果的质。只有数量，没有质量，没有内涵，没有创新，没有价值的成果，不仅浪费学术资源，而且可能造成劣币驱逐良币，严重抑制学术质量的提高。我国近年的学术评价办法，由于片面追求学术的数量而忽视了学术的质量。在论文的数量成为学者的稻粱来源、荣誉来源的情况下，论文就不断地被复制粘贴，反复以不同的题目存为不同的文档。有的学者甚至通过抄袭、作假来获取自己的荣誉，或者在一些收取版面费的杂志上发表质量不高的论文，制造学术泡沫。20 世纪 90 年代中期以后，我国对学术研究活动的经费投入大幅增长，学术研究在数量产出上获得了大丰收，《2021 年中国科技论文统计报告》显示，2020 年，中国卓越科技论文共计 49.38 万篇，仅次于美国，高居世界第二位，其中卓越国际科技论文 24.60 万篇，卓越国内科技论文 24.78 万篇。《2020 年版中国科技期刊引证报告》显示，中国科技核心期刊的影响因子平均值为 0.740，2001～2020 年年均增长率为 5.9%；期刊的总被引频次均值为 1429 次，2001～2020 年年均增长率为 9.5%。但世界公认的、高质量的一流成果却与数量不成正比。世界经济论坛 2019 年发布的《全球竞争力报告》显示，中国大陆的竞争力在全球 49 个主要国家和地区中排第 28 位，还处于中等偏下水平。2015 年国际科研机构用文献计量学方法在全球研究版图梳理出的 100 个“创新源头”中，我国还不到 5 个。而这些成果是我国投入大量科技人力资源和科研经费取得的。科技部主编的《中国科技人才发展报告（2018）》显示，2018 年我国科技人力资源总量已达 10154.5 万人，成为全球第一科技人力资源大国。其中，作为科技活动核心要素的 R&D 人员总量高速增长，按全时当量统计 R&D 人员总量达 419 万人年，是 1991 年的 6.2 倍。中国研发人员总量在 2013 年就已超过美国，连续 6 年稳居世界第一位。从经费投入看，2021 年我国全社会 R&D 经费为 27864 亿元，比上年增长 14.2%，扣除价格因素，实际增长 9.4%。按汇率折算，我国研发经费总额高居世界第二，是美国的 57%左右，是日本的 2 倍之多。2021 年我国 R&D 经费投入强度达到 2.44%，比上年提高 0.03 个百分点。在世界主要经济体中，我国 R&D 经费投入强度已从 2016 年的世界第 16 位提升到第 12 位，接近 OECD 国家的平均水平。

由于高校实行行政化指标化学术管理与考核办法，关注教师的课题、经费、论文，部分教师围绕考核指标转，急功近利地追求“学术成果”，一些人为达到考核标准，学术积累不够甚至没什么积累就想着撰写、发表论文，变得焦虑而浮躁。“板凳宁坐十年冷，文章不写半句空”，资料显示，为了给青年学者创造一种宽松的学术研究环境，锤炼青年学者厚积薄发的学术气质与自由、独立的学术人格，养成学术大气，做大学问，陈寅恪在中央研究院历史语言研究所任职时曾要求青年学者参加工作后三年内不得发表文章，专门阅读史料，这个在今天看来不可思议的规定，是为了让青年学者厚积薄发，避免因浮躁的学术风气散了学术大家之气，成就不了大学问。诚然，当年学术论文发表数量少与学术出版制度不健全，图书信息资料搜集、查阅困难，积累信息资料需要时间等因素有一定关系，但这样的要求反映了当年学者良好的研究心态和对学术的敬畏，也表明那时在学术共同体内部已经养成自觉遵守学术运行规律的习惯，学者自觉地内化了这些不成文的“行规”，并固化为学术共同体内部的价值追求和学术传统。

五　利益：学术研究的价值体现

在现代社会一切学术研究活动都是创造利益的活动，学术离不开利益。这里的利益包括社会公共利益、学者群体利益、学者个人利益。协调和处理这些利益之间的关系，是学术价值观的重要功能。学术活动的公共性决定了实现社会利益、公共利益是学术活动的首要价值追求。学者既是学术研究的主体，又是社会成员，具有双重身份；既承担学术责任，也承担社会责任；既追求社会利益，也追求个体利益。洪大用（2004）认为：“在现代社会，学术活动及其结果能够产生重要的社会影响，甚至关系社会的走向和国家的发展。因此，学者应当关注学术行为的社会效果，即学术研究的最终目的不是为了获得个人的满足，不是为了对事实进行所谓中立的解释，而是要为创造美好社会和幸福生活作贡献。”

学者在创造社会公共利益的同时，可以获得合理的个体利益。在现代学术活动中，学术离不开个人利益。马克思说：“人们奋斗所争取的一切，都同他们的利益有关。”（马克思、恩格斯，1956，第1卷：82）“一切人类生存的第一个前提，也就是一切历史的第一个前提，这个前提是：人们为了能够‘创造历史’，必须能够生活。但是为了生活，首先就需要吃喝住穿以及其他一些东西。”（马克思、恩格斯，2012，第1卷：158）亚当·斯密（2017）曾说：“人天生具有一种对社会的热爱，希望人类为了自身的缘故而保持团结，即使他自己没有从中得到好处。对他来说，有秩序的、兴旺发达的社会状况是令人愉快的。他乐于见到这样的社会。相反，无秩序和混乱的社会状况成了他所厌恶的对象，他对任何造成这种无秩序和混乱状态的事情都感到烦恼。他也意识到，自己的利益与社会的繁荣休戚相关，他的幸福或者生命的维持，都取决于这个社会的秩序和繁荣能否保持。”显然在“经济人”假设之外，亚当・斯密发现了人性中还存在其他的重要特性，即这里所说的同情心、正义感及合理的利他主义倾向。

学术研究不能单纯地为世俗的目的而存在。学术服务于利益，但绝不应屈从于利益。不能将追逐个人私利凌驾于追求学术真理和服务社会公共利益之上，否则，学术就失去了其赖以存在的基础和应有之规范。

总之，学术价值观是一个复杂的系统，自由是学术研究的价值理想，求真是学术研究的核心价值目标，创新是学术研究的最高价值目标，质量是学术研究的价值标准，利益是学术研究的价值表现。学术研究的“真”的价值表现为事实上的真和价值上的真，“善”的价值表现为德行之好、行为之好、制度之好，“美”的价值表现为与功利无涉的客观的审美需要的满足，以及人与自然、人与人、人自身（身心）相和谐的状态，“利”的价值表现为学术的有用性和人的有用性。学术的功能可能随社会发展而不断拓展，但学术的本质和规律不会改变。学术研究活动既要符合学者个体层面的“德”（即学术理想、需要），符合学术共同体群体层面的“善”（即学术理性、规范），更要符合社会层面的“理”（即真理、规律），是合目的性、合规范性与合规律性的统一，也是学术研究活动的真理性与价值性的统一。

第三章 我国近现代学术体制演变与学术价值观变迁

梁启超在《中国近三百年学术史》中说，凡研究一个时代思潮，必须把前头的时代略为认清，才能知道那来龙去脉。那么，中国近现代学术体制是怎样演变的？在学术体制内部，学术制度的建构情况如何？其对学术研究和学术价值观产生了怎样的影响？本章从学术体制的外部动力和内部动力双重视角，尝试对中国近现代学术体制的演变进行考察，揭示学术价值观发展演变的体制化因素，探讨学术职业化及其对学术价值观历史变迁的影响。

学术体制的研究涉及学术研究的主体、客体、机构、理念、方法、机制、评价等诸多方面，本书无法面面俱到，仅重点考察学术研究的主体及管理制度的转变与学术价值观变迁的具体形态。

第一节 我国近现代学术体制的转型

对于我国古代[①]有没有专门的学术制度规范，即中国传统学术的体制化问题，学术界见仁见智。我国古代虽没有近代西方意义上的学术体制，但有一套具有自己特点的学术体制。不同于近代以来以大学

① 按我国历史阶段划分，这里的古代指公元前2070年至公元1840年（中国近代史开端）。

和研究机构为中心的西方式的现代学术体制，我国古代学术是以官方举办的各级学堂、各地著名学者私人创建的书院以及私人举办的民间私塾（义学）等为研究中心，以士绅等“读书人”① 为学术研究的主体，以四书五经等儒家经典为主要研究对象，以科举入仕为主要途径，以修身治国平天下为最高目的，以藏书楼、讲会、刊刻为主要交流媒介和方式，官学（以太学为中心）、书院和科举制度相结合，形成了我国古代古典式学术体制。它适应当时的政治体制和经济结构。在尚未形成学术研究的体制化时就与封建社会的官吏选拔制度（即科举制度）相互勾连，形成了官学一体化的格局，这是我国古代独特的学术体制。中国传统学术体制随着科举制的僵化而僵化，随着科举制的废除而解体。

近代以来，随着经济发展和社会转型，我国形成了与之相适应的学术体制，学术形态经历了从传统向近代的转型。这一过程伴随着西方学术思想与学术精神的渗透与移植，一直延续至 20 世纪 30 年代我国现代学术体制的正式确立。与近代学术体制不同，我国现代学术体制是以现代大学和学术研究机构为研究中心，学术研究更加专业化；新式学会、现代基金会和学术评议会等学术共同体或组织的建立，形成了相对完备的学术评价、奖励和资助制度；现代出版体制下的学术期刊、现代图书馆为学术思想传播提供了更加方便快捷的平台和渠道：这些要素使得现代学术体制表现出明显的体制化和职业化特征。现代学术体制的具体内容包括：学术研究的职业化、体制化，新式学术研究中心、学术共同体开始形成，学术评价、奖励、资助制度化，学术交流便捷化。从传统学术体制向近现代学术体制的转型主要包括以下八个方面的内容。

---

① 本书参考中国社会科学院研究员左玉河的研究，将包括中国古代“士”在内的掌握文化知识者称为“读书人”。中国传统俗称的“读书人”，是指具有一定文化知识并从事智力劳动的士人。

一是学术研究主体的身份和性质转变。学术研究主体的身份从古代传统社会的读书人向近现代的新式知识人转化，性质从官学一体的士人向职业化的学者转化。学术理念经历了从“经世致用”向“无用之学”的转变。

二是学术研究中心的转变。从官方举办的各级学堂、学者私人创建的书院以及私人举办的民间私塾（义学）向近现代西方式大学转变，大学日益从社会边缘走向社会中心，成为学术研究的中心。如1895年由光绪皇帝御批、由盛宣怀出任学堂首任督办的“北洋大学堂”（学堂初名“天津北洋西学学堂”，天津大学的前身）是我国第一所近代意义上的官办大学，推动了我国第一个近代学制的产生。

三是学术共同体的成立。从“以文会友、以友辅仁”式的文社诗会向探究专门知识的新式学会转变，学术共同体为学术交流提供了必要平台。如我国近代最早的西式学会——清道光十四年（1834）在广州成立的益智会（Society for the Diffusion of Useful Knowledge in China）以出版史地财经方面的书籍为主，清道光十六年（1836）在澳门成立的马礼逊教育会（Morrison Education Society）则以资助学校或创办学校为目的。

四是中央研究院及各级专门研究机构的建立，促进了学术研究的职业化和建制化。1905年科举制度废除，标志着我国古代学术研究机构被废弃。1898年创建的京师大学堂规定在大学堂以上设“大学院”，大学院为学问极则之研究，不主讲授，不主课程，相当于西方近代的独立研究院，是我国近代最早的学术研究机构。后来，马相伯倡议效仿法兰西学院模式，设立“函夏考文苑”，从学术和风化两方面对民国初期学风加以纠正。这一倡议虽然最终流产，但却为1927年蔡元培主持创立的中央研究院提供了思想和理论基础，中央研究院的基本性质、价值取向和机构设置，都透出函夏考文苑的精神和努力方向。

五是西方新式传播媒介传入中国，我国开始建立起现代出版制度，学术报刊创立并日趋发达，为学术交流和成果快速发布提供了更加便捷的平台。我国最早引入西方近代机械印刷设备的是1843年英国人麦都思在上海创办的墨海书馆。近代新式印刷术的引入最大的影响是1897年在上海创建商务印书馆，这标志着中国现代出版业的开始。

六是近代图书馆制度的建立使传统私人藏书楼转变为近代图书馆，为学术交流提供了更加方便快捷的资料、信息与咨询服务渠道。如创立于清宣统元年（1909）的山东省立图书馆，其藏书来源多为私人与公家捐助及学校停闭后移藏，举凡旧藩库藏书、山东官书局存书及版片、尚志堂存书、高等学堂存书、特别高等专门学校存书及中德合办书局的存书等全部移交该图书馆。

七是学术资助体制逐步建立，产生了资助教育文化与学术研究的各种基金会，为学术研究的开展与学术交流提供了一定的经费保障。如为了巩固中国科学社的研究基础，任鸿隽、蔡元培等效仿欧美国家设立基金会的模式，向社会募集捐款，1918年设立中国科学社基金。又如近代中国对学术研究资助最大、影响最广泛，以美国退还“庚款”设立的中华教育文化基金董事会对学术研究的资助。

八是逐渐形成一套以学术委员会（评审会）为代表的学术评价、奖励制度，加速了学术职业化和制度化。民国时期创建的学术奖励制度代替了清代奖励出身制度，它包括现代大学设立的奖学金、新式学会及学术研究机构设立的奖励金、政府设立的奖励金等三种类型。学术奖励金制度的设立及实施，是我国现代学术奖励体制初步建立的重要标志。

一　从读书人到知识人

学术研究是一种探究高深学问的活动，学者是学术研究的主体。在古代中国，学术研究的主要承担者是读书人，其社会职业是“士”。作为传统学术的生产者和传播者，“读书人”有着与“知识人”不同的学术理念、目标、知识结构及社会角色。其中最显著的区别在于其知识结构和学术理念及因之而形成的学术价值观的差异。

首先，知识结构的差异。在我国古代，读书人秉持的是“修德明道”的价值观念；而近现代知识人则以“求知”为其价值理念。二者的区别在于价值观念和知识结构的不同。中国古代读书人研习和学术研究的对象与内容主要是以四书五经为代表的儒家经典及先贤教条。后来国人逐渐意识到这样的知识结构无法改变晚清危难的时局。正如谢国桢（1968）所言：“然外人所持者为兵甲之坚，科学之利，此非研经铸史考订辞章所能有为也。于是非变法改制，效法欧西，博闻强识，学有专科，不足以图存，爰有康梁新说之奋兴焉。”后来西学东渐导致了晚清读书人知识结构的变化。这种变化，主要体现在两方面：一是传统士绅接受近代西学新知后蜕变为新式知识人；二是新式学堂学生接受西学新知而成为近代新知识人。故近代知识人产生于两种渠道：一是从传统士绅转化而来；二是由新式学堂培养而出。

其次，学术理念的差异。除知识结构的差异外，更重要的是读书人和知识人有着截然不同的学术理念，具体表现在学术平等、学术独立、求真求知等方面。这些差异是随着西学引入和移植后社会结构的变化而逐渐强化的，西学的引入使得读书人的知识结构发生改变进而导致其学术理念发生了改变，西方求真求知的学术理念得到我国知识人的认同并逐渐成为一种学术习性。古代读书人追求的不是纯粹的知识，而是“修德明道”，因此缺乏“为真理而真理”“为知识而知识”的传统，也缺乏对客观真理和知识负责的习性；而近代知识人的基本使命则是“为学术而学术”“为知识而知识”。传统读书人并不以“做学问”为谋生职业，他们著书立说的目的也不是“稻粱谋”。到了现代，学政分离，学者学术职业化程度越来越高。学术研究成为一种以知识生产为谋生手段的职业，“为学问而学问”“稻粱谋”成为知识人的双重目标。近代知识人以著书立说、生产及传授知识为谋生职业，他们依靠学术研究和传授知识来获得生活资料，是职业化的学者。

读书人缺乏“为学术而学术”的求真精神，这是与西方学者的最大差异。随着西方学术思想的渗透和移植，在民国初期，一批留学归国学者开始意识到中西方学术理念的这种差异。譬如，曾赴美留学的任鸿隽（2002a）就说，东西方学术的差异主要表现在学者学术追求及理念的不同，我国读书人重明道，西方知识人重求知。他指出：“吾人学以明道，而西方学以求真。吾人所谓道者，虽无界说可凭，而可借反对之语以得意义之一部分，则道常与功利对举是已。执此以观西方学术，以其沾沾于物质而应用之博广也，则以其学为不出于功利之途亦宜。不知西方科学，固不全属物质；即其物质一部分，其大共唯在致知，其远旨唯在求真，初非有功利之心而后为学。其工商之业，由此大盛，则其自然之结果，非创学之始所及料也。……是故字［自］彼之真以道，则彼邦物质之学，亦明道之学。”因此，明道与求真，乃中西学术差异之根本。

我国古代强调学以致用，将学术作为手段、工具，导致学术依附于政治，学术难以独立，也不利于形成“学术社会”。傅斯年（1996）说：“中国学人，好谈致用，其结果乃至一无所用。学术之用，非必施于有政，然后谓之用，凡所以博物广闻，利用成器，启迪智慧，镕陶德性，学术之真用存焉。中国学人，每以此类之大用为无用，而别求其用于政治之中。……但就政学言之，政学固全在乎致用者。历来谈政之士，多为庞大之词，绝少切时之论；宋之陈同甫叶水心，清之龚定庵魏默深，皆大言炎炎，凭空发抒，不问其果能见诸行事否也。”因此，他强调“为学问而学问”，即学术研究要以追求真理、创新知识为目的。倡导“为学问而学问”，就是强调学者必须尊重和维护学术的独立品格。“为学问而学问的真谛就在于：每个学者不应为了非学术的动机违心地改变或抹杀自己内心所企及的真理，都有义务遵循自己的学术良心，并行使捍卫个人见解的权利。”（许纪霖，1991）故矫正晚清以来经世学风造成的过分强调“致用”倾向，便是非常必要的工作。而矫正过分的“致用”倾向，就必须抱定做纯粹的“无用”研究的理念。由于中国传统学术思想中的经世致用及晚清“通经致用”思想的影响，清末民初时期许多学者的学术思想都历经了从“致用”到“无用”的转变，这一时期的学者，比如顾颉刚、金毓黻、胡适，也开始研究“无用”之学。

其实，“为学术而学术”与“求真”“创新”的学术思想在实质上都是为了排除非学术因素对学术研究本身的干扰，试图建立一个真正独立的、为纯粹的学术而奋斗的学术空间。上海交通大学原校长叶恭绰1921年在开学演讲中说：“尝以为诸君修学当以三事为准衡：第一、研究学术，当以学术本身为前提，不受外力支配以达于学术独立境界。第二、人类生存世界贵有贡献，必能尽力致用方不负一生岁月。第三、学术独立斯不难应用，学术愈精，应用愈广。”实用与学理相去甚远，功利与学术格格不入，因此，在学术活动中须将学术与功名和利禄等剥离开来，方能实现真正的学术独立：“夫学术之事，自有其精神与范围，非以外力逼迫而得善果者。我国积习以衡文为进取之阶，于是百艺均废惟儒术仅存。虽科举之制为其历阶，亦由学者不察，不能辨科名学术为两事也。美国工艺之盛甲于世界，然说者谓其偏重出品之量及成功利益，以至学术之精神不敌欧陆，此又不辨利禄与学术为两事，是故求学术造诣之深，必先以学术为独立之事，不受外界之利诱，而后读书真乐，此所谓学术独立非必与致用分离。”（谢泳，1999）

“求真存实”还是“经世致用”，是我国学术史上争论不休的问题。学术的本质在于揭示真理，而真理正是用于改造世界即“致用”。研究学术的首要目标是“求真”，不是“致用”，但应用学术研究的成果就是“致用”，实用是学术研究的功能。然而，中国传统学术思想非常强调“学以致用”，将“致用”放在学术研究的首位，这种思想造成我国传统学术思想中缺乏纯粹的“为学术而学术”“为知识而知识”的传统，因此没有“纯哲学”“纯史学”，也少有“纯文学”。为了建立现代学术制度，必须牢固树立“为学术而学术”的理念，坚持自由的学术价值理想，明确求真创新的学术价值目标。正如陈寅恪（1980）所言：“士之读书治学，盖将以脱心志于俗谛之桎梏，真理因得以发扬。思想而不自由，毋宁死耳。斯古今仁圣所同殉之精义，夫岂庸鄙之敢望。先生以一死见其独立自由之意志，非所论于一人之恩怨，一姓之兴亡。……先生之著述或有时而不章，先生之学说或有时而可商，惟此独立之精神，自由之思想，历千万祀，与天壤而同久，共三光而永光。”

从洋务运动开始，经过戊戌维新、辛亥革命，再到五四新文化运动，近代学人经历了学术知识结构、学术研究理念与目标等的转变历程，逐渐从传统读书人演化为近代知识人。

二 从志业到职业

百度百科将职业的内涵界定为“参与社会分工，利用专门的知识和技能，为社会创造物质财富和精神财富，获取合理报酬，作为物质生活来源，并满足精神需求的工作”。志业指志向与事业。马克斯·韦伯（1998）认为志业具有些许宗教的味道：“没有这种被所有局外人所嘲讽的独特的迷狂，没有这份热情，坚信‘你生之前悠悠千载已逝，未来还会有千年沉寂的期待’——这全看你能否判断成功，没有这些东西，这个人便不会有科学的志向，他也不该再做下去了。”韦伯这里说的“独特的迷狂”“热情”，就是一个将学术作为志业的学者必须具备的学术情感，在学术活动中将这些学术情感转化为学术理想的召唤力、激情，以及坚持不懈、百折不挠的意志品质，来获得“灵感”或对创新思维的启示，从而激励学者在挫折中、在平淡中、在“冷板凳”上坚持下去。因此，以学术为志业就是一个学者在平凡的学术研究中坚守自由的学术价值理想，坚持求真创新的价值目标并为之不懈奋斗。

在学术体制化之前，学者从事学术研究更多的是出于一种个人兴趣和爱好。在古希腊时期至欧洲中世纪的历史上，学术被学者们视为个人的爱好，他们根据个人的爱好自由地选择研究对象和研究内容，不以满足社会需要为目的，因此保持着绝对的独立和自由。在现代社会，随着现代学术体制的创建，学术研究日益职业化，职业与志业日益分途。吴宓（1923）论述职业与志业的异同时说道：“职业者，在社会中为他人或机关而做事，借得薪俸或佣资，以为谋生糊口之计，仰事俯畜之需，其事不必为吾之所愿为，亦非即用吾之所长。然为之者，则缘境遇之推移，机会之偶然。志业者，吾闲暇从容之时，为自己而做事，毫无报酬，其事必为吾之所极乐为，能尽用吾之所长，他人为之未必及我。而所以为此者，则由一己坚决之志愿，百折不挠之热诚毅力，纵牺牲极巨，阻难至多，仍必为之无懈。故职业与志业截然不同，职业较普通，志业甚特别。职业几于社会中人人有之，志业则仅少数异俗奇特之人有之。有职业者不必有志业，而有志业者仍不得不有职业。职业之功效有定，而见于当时，志业之功效无限，而显于后世。职业平淡而必有物质之报酬，志业艰苦而常有精神之乐趣，皆二者之异也。职业与志业合一，乃人生最幸之事。然而不易数觏，所谓达者即此也。有志业者，其十之九，须于职业之外另求之，二者分离所谓穷者即此也。”

近代学术的体制化造就了学术职业化，学术职业化后，学术研究首先作为一种职业、一种谋生的手段。学术职业化导致学术研究作为职业与作为志业的分途，在现代社会，学术事业介于学术职业与志业之间，学术职业与学术志业二者统一于学术事业中。社会发展到近现代，职业人人应有，志业只会是少数人才有。学者必须首先将学术作为一种谋生的手段，通过学术活动获得应有的经济利益，作为养家糊口的基础。但从学术的本质来看，只有将学术作为促进自我和全社会自由而全面发展的事业甚至志业，才谈得上真正的学术研究之业。当年国学大师顾颉刚从苏州来到北京，“想从此做一个北京人，一生不干别的事，专研究历史”，并信誓旦旦地认为：“我的学问的发展，并不在薪水和地位上，也不在主任的信任上，我只要有空闲，只要有一征求材料和发表论文的机关。”然而“不幸北大欠薪过多，无法维持我的清苦的生活，不得不应厦大之聘而违了不出北京的素愿”。（耿云志、欧阳哲生，1996）

在我国古代，读书人做学术讲求“人统”、“事统”和“学统”三统合一，而且首先必须学会做人即“人统”，其次是“事统”，即将学术研究当作毕生为之奋斗的事业，第三才是“学统”，即学问本身。这就要求学术与道德、情感相融，职业、事业与志业合一，读书人读书做学问的首要目的是明道，而通过科举考试入仕乃是读书人职业化的转变。学术职业化在使职业与志业分途的同时，凸显了二者在学术价值目标和价值取向上的天然矛盾。唯有实现职业与志业的统一，才能消解这对矛盾。

在现代社会市场经济条件下，以学术研究为职业，要求学者认同社会价值规则，遵守学者的职业操守和职业伦理（底线伦理），在追求个人合法的学术利益时，不损害他人的利益。以学术研究为事业，要求学者内化学术价值规范，倾注热情，拥有事业心和责任心，将自由作为学术价值理想，将求真创新作为学术的目标。通过创造学术利益，在实现学术的社会利益的同时，实现自我价值，获取个人利益。以学术研究为志业，就要求学者以学术为理想，倾注全部的感情，将自由作为学术价值理想，将求真创新作为学术的目标。在坚持学术研究的同时，心无旁骛，把学术研究作为自己的业余爱好，充分利用闲暇时间，全身心地投入与学术研究相关的一切活动中去，为了追求真理、坚持真理，不惜献出生命。在学术研究过程中，学者是否把学术当成志业，并以相对单纯的感情（不夹杂任何利益）投入其中，是能否实现学术价值目标的关键。相反，如果只是将学术研究当作谋生的手段、赚钱养家的职业，不以此为兴趣爱好，也不倾注感情，则难有高质量的学术成果产出。真正的学者追求的最理想状态，就是职业与志业的统一。

三　学术职业化

所谓学术职业化，就是学术研究者将学术研究作为一种谋生的社会职业。在古代中国，读书人多以官吏等职业身份从事学术研究活动。为官、为师，乃古代读书人之职业特征。清末民初现代学术教育体制的建立、科学家群体的形成、专门科研机构的创建、科研成就的取得与科学交流系统的建成，使近代学者逐渐从传统兼职身份中脱离，社会职业角色开始形成，学术研究逐渐呈现一种职业化倾向，不仅出现了以知识生产和传授为谋生手段的社会职业，而且这种职业为一定的制度所保障。学术职业化是现代学术体制的重要特征。

学术职业化之所以可能，是因为大学、研究所、图书馆、杂志社、出版社、报馆等近代新学术设施的建立，为知识人从事知识生产和知识传播提供了保障。这些学术设施，不仅使近代知识人有了容身之地和生存空间，而且使学术研究成为一种社会职业。知识人拥有教授、编辑、研究员、图书馆员等职业身份，成为近代学术研究的承担者。传统读书人除了做教师外，多数人走上科举入仕的道路。知识的多样性造成了职业的多样化。知识人的职业化，意味着知识的专业化。知识人开始远离政治，致力于本专业的知识生产（学术研究）和知识传播（教书育人），清贫自守。这样的社会职业，使其保持了政治上必要的独立，同时，也迫使他们为生存而谋划。故知识人将大学教授、专家及编辑等作为“稻粱谋”之职业，在追求学术独立之同时，亦追求经济上的利益。

学术职业化后，知识人追求的是“知识”，并以其专业知识来换取生活资料，具有明显的职业特征，故近代学术不可避免地带有实用、功利、浮躁的特性，与标榜“修德明道”的传统读书人有着巨大差异。蔡元培（1997）云：“自科举废，学校兴，师弟之间之感情，遂一落千丈。其故由于两方：教者除上堂演讲外，不复注意被教者之进步受益与否；被教者遂亦不发生感情与教者接洽。至使学术之授受，同于商铺之买卖，实为不良之现象。”“学术之授受，同于商铺之买卖”，乃近代知识人与传统读书人之重大差别。因为近代知识人的功能已经不同：非传道卫道之师，而是求知传知之师。

如果说读书人对学术的追求是“志业”而非“职业”的话，那么知识人对学术之追求，则逐渐变成一种社会“职业”，而非“志业”。传统“师”之责在于传道授业解惑，而近代大学教授，则将知识的追求和传播视为第一位。其职责首先不是传道，而是求知，不是授业，而是研究。伴随学术职业化，近代学术呈现出越来越严格之体制化趋向。职业化学者被纳入近代分科化、专门化之学术体制中。现代学术体制以有形之场地和无形之规范，直接限定了学者之学术活动，并间接影响学者之学术价值理念。随着知识体制的日趋完善，知识人逐渐生存于知识体制内部，成为现代知识体制和学术体制中之知识人，这是近代以来学术发展的趋向。职业化之知识人多遵从现代学术体制从事知识生产，甚至将知识作为“稻粱谋”的工具，而不再执着于“为学术而学术”之道。

总之，中国传统学术体制并未给学术独立提供太多制度上的保障和自主空间。近代学术职业化以后，出现了越来越严格之体制化趋向，呈现了越来越细密的科层化趋向。学术研究体制化对知识人之自由思想形成更多限制，从而使学术之独立性越来越弱，思想之空间越来越狭窄。于是，学术价值与管理价值时有冲突，学术的经济价值僭越了学术的内在价值。学术体制越来越僵化，使学术研究人员被体制所“化”，学术研究演变为一种体制内的专业化、技术化的“学术生产”；同时，非学术因素的渗入使学术研究成为一种急功近利的短期行为，公器私用，学术研究逐渐沦为谋取个人私利的工具。学术研究的个体利益遮蔽了社会利益，形成了学术价值目标的错位，导致部分学者把各种功利性的目标当作学术研究的最高价值，而忽视甚至损害了学术研究活动最基本、最重要的价值，即人性的尊严与价值。学术研究异化为“稻粱谋”的工具，在市场经济以效率为先的原则下，知识人也不再执着于“为学术而学术”的学术之道，学术研究活动专注于投入产出的经济效益，即如何以最少的投入、最便捷的方式产出最大的经济利益，学术研究的兴趣、创新等价值目标则被忽视了。

第二节　我国近现代学术价值观的变迁

学术价值观是在一定的社会经济文化背景和学术体制下，在主体意识支配下形成的。因此，学术价值观的变迁具有四大动力机制，即促使主体意识觉醒与价值多元的哲学机制、结构变迁与多元价值相生相长的社会机制、多元所有制与市场经济体制的经济机制、多元文化交流与融合的文化机制。

一　学术价值观变迁的动力机制

（一）促使主体意识觉醒与价值多元的哲学机制

“哲学文化”取代“神学文化”，哲学和科学取代神学，从而使“理性”成为人类普遍的自觉意识。这种“理性”的观念发展到作为德国古典哲学顶峰的黑格尔哲学，则成为一种取代“上帝”的“绝对精神”。然而黑格尔哲学遭到了现代哲学的激烈批判，其中包括马克思主义以“现实的理性”（实践）对黑格尔“抽象的理性”的批判，科学主义以“谦虚的理性”（科学）对黑格尔“狂妄的理性”的批判，人本主义以“丰富的人性”（文化）对黑格尔“冷酷的理性”的批判。被近代哲学奉为圭臬的“理性”的权威，被现代社会及其哲学不断弱化。“理性主义”在现代社会中的弱化，首先意味着现代社会中人的主体意识和个性的觉醒。当黑格尔把“理性”视为人的全部丰富性（感觉、情感、意志、想象、目的等）的深层统一性时，他便以一种泛逻辑主义的思维方式把人抽象化了。当他进而把人的“崇高”归结为“个体理性”对“普遍理性”的认同时，他就把“崇高”异化成了非人的、超历史的存在。对近代理性主义特别是黑格尔的泛逻辑主义的批判，表现了现代人类及其哲学对于“人在非神圣形象中的自我异化”的批判。随着主体意识的觉醒，西方哲学界掀起了人性解放、宣扬独立个性的哲学思潮，在价值哲学领域，价值思想从一元价值向多元价值转化。这种“理性主义权威的弱化”，使当代人类陷入了“没有标准的选择的生命中不能承受之轻的存在主义的焦虑”之中。

（二）结构变迁与多元价值相生相长的社会机制

从社会机制来看，我们可以从经济、政治与文化的视角，把社会形态划分为自然经济模式、市场经济模式和产品经济模式三个阶段。每种模式对应一定的社会经济、政治和文化结构，从而形成与之相对应的社会关系，并体现为不同的社会价值观。

在自然经济模式阶段，即人的依赖关系占统治地位的阶段，社会以权力和地位为象征，以政治活动为主，社会交往以血缘关系和地域关系为主。自然经济社会是一个相对稳定的社会结构模型，这是由政治权力的优先性造成的秩序优先的一个社会后果，但它却是以牺牲经济的效率和文化的自由为代价的。

在市场经济模式阶段，即以物的依赖关系为基础的人的独立性阶段，社会以资本（技术、机器）为核心，以经济活动为主，交往关系表现为经济全球化背景下世界各国间开放与交往的深入，互相依存度越来越高。市场经济以追求效率和竞争为主的经济组织原则的确立，加之国际国内市场的开拓，使得私人领域脱离公共领域被开辟出来。随着政治民主化和社会自由化程度的提高，人的需要被激发、释放并被公开表达，于是形成了立体化、层次化、多样化的需求，满足这些需求就促成了社会交往的普遍化，社会公共规则、公共文化和公共生活日趋成熟。但工业社会或市场社会的最大问题在于，由资本的运行逻辑推动的商业化运动引发了生活的世俗化和急功近利的社会后果；以物的依赖性为基础的社会关系使人际关系变得不再稳固，物的关系异化带来人际关系的异化，社会信用体系土崩瓦解，人与人不再互相信任，社会政治文化认同危机出现，社会风险加剧，利益、价值与人类追求的幸福愈加分离。

在产品经济模式阶段，即人的自由个性阶段，社会以知识和人才为核心，以文化活动为重点，人通过他创造的产品与人际关系构成的社会关系来展现其本质力量。社会交往以社会生活关系为主，生命意义和生活质量成为社会首要理念。但后现代至今还只是一个人们努力趋向于它的“理想类型”。对未来共产主义社会，马克思说：“共产主义是私有财产即人的自我异化的积极的扬弃，因而是通过人并且为了人而对人的本质的真正占有；因此，它是人向自身、向社会的即合乎人性的人的复归，这种复归是完全的，自觉的和在以往发展的全部财富的范围内生成的。这种共产主义，作为完成了的自然主义 = 人道主义，而作为完成了的人道主义 = 自然主义，它是人和自然界之间、人和人之间的矛盾的真正解决，是存在和本质、对象化和自我确证、自由和必然、个体和类之间的斗争的真正解决。它是历史之谜的解答，而且知道自己就是这种解答。”（马克思、恩格斯，2002，

第 3 卷：297）

作为一种以知识创造为目的的社会实践活动，学术研究离不开特定时代的社会环境，也不可能脱离现实社会而存在。随着学术体制的发展演变，学术主体发生了从古代读书人到近代知识人再到当代学术人的转变，"为学术而学术"的主流学术价值观形成了，人本主义学术价值观[①]、"经世致用"学术价值观、实用主义学术价值观、个人主义学术价值观、功利主义学术价值观、利己主义学术价值观等非主流学术价值观出现。

（三）多元所有制与市场经济体制的经济机制

新中国成立前，自给自足的自然经济是我国社会的主要经济形式，新中国成立后，我国的封建自然经济逐渐瓦解，公有制建立起来了。改革开放前，我国经济表现为单一的公有制经济，私有制经济仅占极小的份额（见表 3－1），在这种经济结构下，社会价值观必然是一元价值观。随着改革开放和思想解放的深入，社会经济不断发展变革，私营经济逐步得到承认和支持。改革开放以来，在所有制改革与调整过程中，公有制经济的占比有所下降（但公有制的主体地位并没有动摇），非公有制经济得到较快发展，逐步形成了以公有制为主体、多种所有制经济共同发展的局面，所有制结构的变化与市场经济体制的确立不仅促进了多元价值观的形成和发展，还导致了诸如个体价值观、世俗价值观和物质价值观等亚价值观的形成和发展。在市场经济社会，"主体性意识、个体性意识、功利性意识三者共同构成了市场经济存在的观念条件"（王南湜，2002）。计划经济体制向市场经济体制的转轨，以及市场经济的内在本质和客观要求，使我国社会出现了一元价值观向多元价值观、整体价值观向个体价值观、理想价值观向

① 这里所称的"人本主义学术价值观"，指我国古代形成的"以人为本"思想，强调读书人的德行修为，不同于西方所称的"人本主义"。

世俗价值观、精神价值观向物质价值观的转变。

表 3-1 1978 年我国所有制结构的基本情况

单位：%

相对指标	公有制经济	非公有制经济	在公有制经济中的占比	
			国有经济	集体经济
在 GDP 中的占比	98.2	1.8	55.0	43.2
在工业总产值中的占比	99.2	0.8	77.6	22.4
在社会消费品零售总额中的占比	97.9	2.1	55.8	44.2

资料来源：孙健（1996）。

（四）多元文化交流与融合的文化机制

当前世界文化越来越朝着多元化、开放化、融合化方向发展。文化多元化即社会生活的多样化、异质化，必然给人们的思想观念、价值取向带来影响，使人们思想活动的独立性、选择性、多变性、差异性明显增强。文化开放化即与当代经济发展的全球化开放化交相呼应，世界各国各民族之间的文化日益走向开放，国际间文化交流不断。文化融合化即各国各民族之间的文化在开放交流的过程中经交锋、碰撞后呈现融合的趋势，使得多样文化在求同存异中共同发展。文化多元化、开放化、融合化带来了人们价值标准、价值选择和价值取向的多样化。

二　我国学术价值观的几种形态

在学术体制的演化过程中，随着外部环境与学术秩序的演变，学者内在的学术价值观也产生了从人本主义、经世致用、为学术而学术的学术价值观到实用主义、个人主义、功利主义、利己主义学术价值观的变化。

（一）人本主义学术价值观

在中国古代，致力于培养学贯四部、道德文章兼备的“君子”，向来将“尊德性”与“道问学”并提，《大学》开篇“大学之道在明明德，在新民，在止于至善”，便是此意。史学家钱穆（1975）指出，依照中国传统，应该说学问有三大系统。因其创造意志有不同，故其形成计划亦不同。第一系统是“人统”。其系统中心是人。中国人说：“学者所以学为人也。”就是说做一切学问的前提就是如何做人，如何做一个有理想有追求的学术人。此乃吾人从事学问之一种创造意志与领导原则。因此，其所成之学问，亦以如何做人为中心，为系统。换言之，即是以此学者个人自身之完成为中心为系统。此种学问之目标即在人。此种学问之结构，亦即在从事此学之人。忽略了此人，即不见此人之学问之目标与其结构。故说：此种学问乃是“以人为统”者。第二系统是“事统”。即以事业为其学问系统之中心者。此即所谓“学以致用”。人之本身，必然期有用。吾人之所以从于学、学为人，其主要动机及其终极意义，乃在对社会人群有用、有贡献。故其所完成之学问，以人生为中心者，必连带及于事业，惟事业之范围甚广，而人之才性有异，智力有限，机缘亦别，有专于某一项或某几项事业有兴趣、有抱负，而从事于学者，遂成为学问之第二统。因其为学之中心在事业，故亦惟就其事业，始能见其学问之大体。第三系统是“学统”。就是以学问本身为系统的人。近代从西方传入中国的“为学问而学问”理念，即属此系统。如治史学、治哲学，每一套学问，都有各不相同的客观外在表象，与此同时，在每个人区别于实际应用的观念里，还存在着另外一套学问体系（即观念体系）。于是学问就与人与事分离而自成一系统。此与前两系统之分别：第一在于由人来做出此学问；而此则是学问本身超然于人之外，乃由学问而来产生出学人。但学问亦是一事业，任何一项学问之在人群社会中，亦各有其贡献。因此，第三系统在“人统”“事统”之意义上言，则仍是一贯递下，可认为是“事统”之一分支。钱穆（1975）说：“中国人学术传统实在是始终逃不出第一、第二系统之精神渊源。……其主要目标仍在人，仍从第一系统来，若如近代之治学，接受西方观点，似乎学问自有系统，可以与人无关，乃把第三系统视为学问之正宗，这和中国以前旧观念大不同。”“因此我们可把东西方学术系统之建立，分作如下的分别：中国人乃是先有了一用的观念，而始形成其学术上种种之体者；西方人则是先肯定了此种种之体而后始求其发为种种之用者。实因明体与达用之两种创造意志之不同，而始有循此以下之分歧。若把西方学问的大体来和中国传统相比，似乎西方人最缺乏中国传统中之第一系统，即他们并不注意到如何做人这一门学问。在西方人做人的理想中，似乎只想到如何做一宗教信徒，如何做一国家公民；做学问的则只问如何做一学者，如哲学家、文学家；其他则如做一政治家、律师、医生及各种行业中的人物等，他们却似乎没有一个共通的做人理想。除却此种种分别外，是否有一做人的共通大原则、共通大道理，他们似乎没有像中国传统如上述学问的第一系统之所注意而讨究。因此，中国学问都自第一系统递进而至第二系统第三系统；而西方则似正相反，可谓乃是以第三系统为主，乃自第三系统逆归至于第二第一系统者。”

（二）经世致用学术价值观

我国古代读书人确立了“修、齐、治、平”的价值理想，形成了“学以明道”的学术价值观。士人把“穷理”与“经世”结合，“文章合为时而著”，勇于任事，形成了经世致用学术价值观。在清末我国日益严重的社会危机中，古代“明道致用”学术价值观得到了极大的张扬，然而两次鸦片战争的惨痛失利，尤其是甲午海战的溃败，使得我国逐渐被卷入世界资本主义市场，面对“千年未有之大变局”，士人们开始反思我国传统学术价值理想和追求，他们呼吁统治之“术”必须随社会变局而变，只有如此方能维护其“道”，于是掀起了一股气势磅礴的经世思潮，人们摈弃了中西有别的观念，而以“有用”为经世之术的标准。于是，士人的眼光纷纷投向传统格致诸学与西方富强之术，这一时期“西学无限制地尽量输入”，经世学风在乾嘉时期复兴的基础上进一步复兴。

（三）为学术而学术的学术价值观

清末经世致用学术价值观过分强调实用性和功利性，且对西学无限输入，盖如梁启超（2005）所说“久处灾区之民，草根木皮，冻雀腐鼠，罔不甘之，朵颐大嚼，其能消化与否不问，能无召病与否更不问也，而亦实无卫生良品足以为代”，导致思想“混乱”和学术“肤浅”的局面，遭到了严复、章太炎、王国维等晚清启蒙学者的激烈批判。他们坚持“为学术而学术”、“为知识而知识”、求实求真的学术信念，赋予了我国学术独立的品质。随后，一批留学欧美的归国留学生受西方思想的影响，接续国内现代学术的薪火，他们更加猛烈地批判传统学术理念，进一步明确地宣扬“为学术而学术”的学术价值观。在晚清启蒙学者和欧美归国留学生的影响下，民国初期国内学者接受了学术自由独立的理念，逐步确立了“为学术而学术”的学术价值观。《吕氏春秋》中记载：“天无私覆也，地无私载也，日月无私烛也，四时无私行也。”意思是，天无私，才能遍覆整个世界，如果它有私，就只能遮盖部分地域了；地无私，才能承载世间万物，否则，只能负荷少数器物；日月无私，才能普照世间，不然也只能偏照一方；春夏秋冬四季无私，才能正常地依次运行，否则，某一个季节过长、过多，四季就颠倒了。因此，人若想放宽心量，就应当效法天地，断除“小我”的私心执念。从造字法来看，“我”字里面藏着一把伤人的兵器——“戈”，只要有了“我”，既会“戈”别人，又会“戈”自己。“小我”念想比较强的人，心量、眼界往往比较小，一点点委屈也不能受，动不动就大发脾气。“君子量大，小人气大。”一个人的心量大不大、脾气大不大，关键就在“我”上面。如果一个人“小我”的比例太重，便会心胸狭窄，眼里容不得半点沙子，即使给他世界的一切，他仍觉得这个世界太小，有诸多不满；反之，假如

“小我”的分量较小，则会心胸宽广，对任何事物都不执着，即使生活条件简陋，屋里只有一张床，他依然觉得天地很宽，心怀感恩。所以，要学会放下“小我”，经常考虑“大我”。

（四）实用主义学术价值观

19 世纪 70 年代，实用主义开始在美国社会出现，到了 20 世纪开始作为一种独立的现代哲学派别，并成为美国社会的主流思潮，它是美国工业社会竞争哲学的集中体现。以行动求生存，以效果定优劣，以进取求发展，是实用主义价值观的积极因素。在实用主义学术价值观的影响下，学术成为一种财产。学术成果是学术研究人员通过创造性劳动取得的智力成果。学术财产是市场经济社会下智力成果成为商品的产物，是学术市场化带来的一种社会现象。尊重学术财产权利，是对传统学术价值观的挑战。前已述及，无论是欧洲从古希腊时期至中世纪的学术发展史还是我国近现代学术发展史，均提倡“为学术而学术”的学术价值观，学术研究以追求真理、创造知识为目的，这种学术价值观排斥一切逐利思想，但学术管理的职责在于制定价值规则，规范和引导学术利益的分配。在市场经济背景下，以知识为体现的智力成果本身也是一种资本、一种财产，知识转化为技术就是巨大的生产力，它为人类社会创造价值，创造财富。与此同时，对实用主义价值观的狭隘理解也导致极端个人主义和利己主义的出现，成为学术价值观错位的导火索。

（五）个人主义学术价值观

个人主义价值观源于美国，资本主义社会人的物化关系是西方个人主义的现实基础。其主要观念是，追求个性解放、张扬个性，主张个人利益至上，强调每个人都有最大限度地发展个人才能、增加个人利益的权利，而为了达到这个目的，每个人都拥有自由、尊严、平等地位，并有机会尽情地发挥自己的才能。个人主义价值观表现为西方的民主政治制度、哲学层面的人本主义、经济领域的经济自由主义、文化层面对个性和自我意识的强调。在我国近代史上，鸦片战争中西方列强利用坚船利炮打开了我国国门，之后我国开始了近代百余年的屈辱史，其间无数仁人志士为了找到救亡图存的良方，开始了从兴实业、办工厂的器物之路到维新变法的体制变革与维新再到学术层面的思想文化探索与实践的过程。在学术研究方面，严复的译著《天演论》宣传西方社会的进化论，以此支持维新变法；指出西方国家富强的根源在于充分激发国民的活力，支持个人发家致富，实现个人成功；这种以"文明利己"为核心的个人主义，与我国传统的隐忍退让、个人服从集体等思想形成鲜明对比。严复对我国传统的"仁义"思想进行了猛烈批判，主张尊重和保护个人利益。他认为，为了实现个人利益，必须提供自由、平等、民主的制度保障。新文化运动的先驱陈独秀也撰文大力宣扬西方式的个人主义精神，"举一切伦理道德政治法律，社会之所向往，国家之所祈求，拥护个人之自由权利与幸福而已"。他认为以家族为核心的宗法制度带来四大恶果："损害个人独立自尊之人格；窒碍个人意思之自由；剥夺个人法律上平等之权利；养成依赖性，摧残个人之生产力"。（转引自徐友渔，2009）因此，必须用个人主义代替家族主义。新文化运动的主将、自由主义的先驱胡适则提倡通过个性解放实现个性的充分自由发展。他赞成易卜生的观点："你要想有益于社会，最妙的法子莫如把你自己这块材料铸造成器。"但胡适也强调，个人自由与个人责任相辅相成，缺一不可。"自治的社会，共和的国家，只是要个人有自由选择之权，还要个人对于自己所行所为都负责任。若不如此，决不能造出自己独立的人格，如同酒里少了酒曲，面包里少了酵，人身上少了脑筋：那种社会国家决没有改良进步的希望。"（欧阳哲生，1998）总之，西方社会强调平等、个人权利，表现在学术上，就是对个人合法学术权益的追求。在我国近代史上，个人主义思潮缘起于仁人志士们渴望国家富强壮大，以摆脱被压迫被奴役的地位。个人主义因作为民族强盛的手段而起，最后却异化为个人追求自由、权利的工具，被部分人演化为自我主义、自利主义。因此，有些学者在学术活动中，想方设法把公共利益变成合法的个人利益。有的学者将实现个人利益作为学术价值目标，在处理学术研究活动中的个人利益和社会利益的关系时，强调个人利益，他人、社会、集体、国家只不过是实现个人利益的手段。

（六）功利主义学术价值观

功利主义思想起源于古希腊时期，至 17 世纪资产阶级革命后成为一种社会思潮，其现代鼻祖是英国哲学家杰里米·边沁。功利主义以实际功效和利益为评价和选择的标准。功利主义者主张人类行为的动机是谋求个人利益，社会是虚构的，只有个人利益才是现实的。只注重行为的结果，而不关心行为动机与实现目标的手段。功利主义者认为利益是判断是非、善恶的标准，能提高最大快乐值的即为善，反之即为恶。

（七）利己主义学术价值观

百度百科将利己主义（Egoism）解释为，只顾自己利益而不顾别人利益和集体利益的思想。是指把利己看作人的天性，把个人利益看作高于一切的生活态度和行为准则。其特征是：从极端自私的个人目的出发，不择手段地追逐名利、地位。追逐个人名利，历来是一切利己主义者的人生目的。“精致的利己主义者”是北京大学中文系退休教授钱理群（2014）提出的概念，他说：“我们正在培养出一批我所概括的‘绝对的、精致的利己主义者’。所谓‘绝对’，是指一己的利益成为他们一切言行的唯一驱动力，为他人、社会所做的一切，都是一种‘投资’；所谓‘精致’，是指他们有很高的智商、很高的教养，所做的一切在表面上都合理、合法，无可挑剔；同时，他们又惊人地世故、老到、老成，故意做出忠诚姿态，很懂得配合、表演，很懂得利用体制的力量来达成自己的目的。……这样的绝对的、精致的利己主义者，他们的问题的要害，就在于没有信仰，没有超越一己私利的大关怀、大悲悯、责任感和承担意识，就必然将个人的私欲作为唯一的追求、目标。”在利己主义者的眼里，所有的东西都必须放在功利、金钱面前进行权衡，有利于功利、有利于挣钱的事，他们都会毫不犹豫地去做，哪里有利益，哪里能挣钱，他们就冲向哪里。哪里没有功利，哪里不能挣钱，他们就会选择退避三舍。他们通过各种方式在外面打工挣钱，演变为“精致的利己主义者”。

当前，我国学术界处于多元学术价值观并存时期，学者们要有高度的学术自觉，坚持“为学术而学术”的学术理想，走出“稻粱谋”的狭隘学术价值观，尊重学术规律，坚持学术自由、思想独立，探索真理、勇于创新，严谨求实、甘于贡献，超越功利、心怀天下，以推进学术发展、实现全人类的共同利益为出发点。学术乃天下之公器，如果学者们偏离了正确的学术价值追求，走上了学术的邪路，热衷于钻营，甚至私欲膨胀，见利忘义，或者鼓吹“价值中立”，则不仅会破坏学术生态，影响学术事业的繁荣发展，而且会阻碍国家发展和社会进步。

总之，我国学术体制的发展和转型是内外部双重力量共同作用的结果。学术研究的运行规律及学术共同体组织构成了内部力量；行政力量及社会需求构成了外部力量。内部力量主要致力于形成学术体制发展的内在制度，而外部力量则主要试图构建一套外在的制度体系，这就构成了一种特殊的“双重秩序演化路径”。

在近现代学术体制化背景下，学术从志业转化为职业，职业化的学者面临生存与生计问题（“为学术而学术”与“稻粱谋”的矛盾），学术的经济利益使得非学术因素渗入学术活动带来学术商业化、世俗化（经济利益与学术价值之间的矛盾），学术体制化带来行政力量对学术研究的干预（行政权力与学术规律之间的矛盾），学术传播手段信息化带来学风浮躁问题，它们共同构成了高校青年教师学术价值观形成、发展的外部条件。

第四章

学术价值观视域中的高校青年教师

近年来，在我国学术研究日益繁荣的同时，学术界的学术失范现象也开始出现，且呈蔓延之势。“是到了整治学术道德的时候了。我们不能让未来的人说，我们这一代教育工作者最大的失误是没有守住学术道德的高标准。”（朱清时，2009）朱清时院士的话代表了学术界对学术失范行为的态度。那么什么是学术失范呢？一般而言，学术失范泛指学术界一切违背学术规律和规范的行为。当前，学术失范既包括学术管理制度违背学术研究规律的失范状态，即行政规律代替学术规律、学术的经济价值僭越学术的内在价值的制度失范状态，如学术评价指标化、非理性化，学术成果泡沫化；也包括学术研究的个体利益遮蔽了社会利益，造成公器私用，学术研究逐渐沦为谋取个人私利的工具，表现为高校青年教师在学术研究活动中的各种学术失范行为，如急功近利心态、利益驱动代替学术目标驱动，造成学术研究功利化。一些学术失范现象破坏了良好的学术生态，造成学术研究活动失序，不仅影响个人声誉，而且阻碍学术进步，损害社会公共利益。那么学术是如何失范的呢？这些现象背后的发展路径如何？本章从高校青年教师生存现状入手，从社会失范理论、理性选择理论、社会控制理论等社会学理论的外源性视角和高校青年教师自身学术价值观的内生性视角深入探究学术失范现象背后的成因。

第一节 高校青年教师生存现状

一代史学大师范文澜先生在华北大学任教时期（1948～1950）提倡“板凳宁坐十年冷”的治学态度，成为学术界流传的一段佳话。但在市场经济条件下，看似一派繁荣的高校有时却容不下几张“学术的冷板凳”，迫于排名、评估、考核的压力，高校很难再给青年教师一张能“坐得住的冷板凳”。从高校青年教师自身来看，他们面临着多重压力：在教学工作方面，他们既要承担繁重的课程教学任务，还面临教学质量的考核（领导、同行听课，学生评价等）；在学术研究方面，在职称晋升和岗位聘任时，他们面临越来越严格的对学术研究水平的考核，新进教师由于学术身份、考评机制、行政安排、时间管理自主权、研究经费等方面原因而压力更大。2014年麦可思（MyCOS）公司的研究调查显示，高校青年教师中约有80%表示实际工作中承受的压力较大（包含“非常有压力”和“有压力”两个选项）。其中，男性青年教师中表示压力较大的比例（84%）略高于女性青年教师（82%）。李敏等（2020）以北京部分高校青年教师为调查对象，随机抽样调查结果显示，排在前五位的工作压力因素分别是：工作负担重（51.8%）、职称晋升或聘任难（50.2%）、需要继续深造（33.2%）、科研成果发表难（23%）、心理压力没有得到释放（18.4%）。在个人发展方面，面临着学历高消费，即必须持续深造的压力；在经济方面，面临最直接、最实在、最迫切的提高收入的压力。调查数据显示，在生活困扰因素问题中，排在前三位的分别是：经济负担重（57.4%）、住房紧张（54.6%）、工作压力大（42.4%）。青年教师刚迈入职场，他们职级低、收入低、科研工作起点低、无项目、无经费，基本是一穷二白，但他们正好又处于谈婚论嫁的年纪，需要承担赡养父母、买房、结婚成家的多种经济压力。在多重压力下，青年教师对自我职业的社会地位认同度较低。2011 年，对外经济贸易大学公共管理学院副教授廉思（2011）对北京、上海、广州、武汉、西安五个城市 135 所高校的 5138 名青年教师的调查发现，“84.5%认为自己处于社会中层及中层以下，其中，36%认为自己属于社会中下层，13.7%认为自己处于社会底层，仅有 14.1%认为自己处于中上层”。在受访青年教师中，年工资收入 3 万 ~6 万元的占 80%，“31.1%的受访者每月有结余，而 68.9%处于收支平衡或赤字状态”。72.3%的受访者直言“压力大”，其中 36.3%认为“压力非常大”。2015 年，闫东（2015）课题组对北京 10 所各具特色的高校的青年教师展开问卷调查，结果显示 39.6%的青年教师认为理想又合理的月收入应该是 8000 ~ 10000 元，47.8%的青年教师认为是 10000 元以上，12.3%的青年教师认为是 5000 ~ 7000 元。这说明青年教师对工资收入的满意度普遍不高。①

一　经济不独立

高校青年教师工资收入普遍偏低。当前，我国高校青年教师的收入一般由以下几部分构成：第一部分是学校根据岗位工作任务发放的岗位工资，这是青年教师收入来源的主体，经费主要来自国家财政拨款；第二部分是奖励性绩效工资，包括超额完成教学工作量、科研工作量及学科建设任务等校内专项工作的奖励，根据个人完成情况额度或多或少；第三部分是因承担上级部门专项工作获得的特殊津贴，比如获得教学科研成果奖，入选特殊人才、骨干计划等，一般青年教师很难获得此部分津贴。高校教师薪酬调查课题组（2014）对全国 84 所高校 13 万个教师的调查显示，2013 年，高校教师年工资收入为 10 万元以下的占 47.7%，10 万 ~ 15 万元的占 38.2%，15 万 ~ 20 万元的

① 廉思和闫东的调查数据可能有误，存疑。

占10.7%，20万元及以上的占3.4%。戴建中（2012）领衔的课题组对11所北京市属院校、7所部属院校的调查显示："教授2010年的总收入最低的为4.95万元，最高者为79.7万元；副教授2010年的年收入最低者只有2.8万元，最高者为67.1万元；讲师最低者只有2.2万元，最高者为57万元。若不考虑学科差异的因素，同一职称内部个人收入差距令人咋舌，教授中最高收入者是最低收入者的16倍多，副教授之间是24倍，讲师是26倍。即使排除学科差异的因素，在同一学科内部教授中收入最高的10%与收入最低的10%，收入差距也高达5.9倍，副教授中这一差距为4.5倍。"

近年来，高校通过深化绩效工资改革，实行聘用制、灵活用工、人事代理，采取岗位管理、岗位工资，推行绩效考核、绩效工资，建立课题申请和主持人项目组制，搞活内部收入分配和津贴、奖励，允许和鼓励教师在校外兼职（自办公司），推行社会保障的社会化，推行住房的市场化等，增强了高校自身的"造血功能"，在减轻政府财政负担的同时，大大增加了教师的收入。但也暴露出教师间收入差距逐渐拉大的问题。调查显示，部属院校和市属院校之间的收入差距很明显，在年收入10万~20万元的高收入层的占比方面，部属高校高出市属高校近10个百分点。传统的平均主义"大锅饭"，导致"干好干坏一个样"，影响了教师的积极性和创造性。但当前教师收入差距过大的问题也是需要正视的。

2012年英国罗德里奇出版社出版的《教授薪水：工资与合同的全球性对比》一书披露，在美国波士顿学院研究人员奥特巴赫的带领下，相关学者将28个国家的公立大学教授全部的收入以美元来换算，由于牵涉标准、货币、价值、各国不同情况等诸多因素，他们使用了基于美国物品的购买力的平均指数，对一国学者的收入和其他行业人员的收入进行对比。结果显示，大学教授平均工资收入排名前五的国家分别是：加拿大（7196美元）、意大利（6955美元）、南非（6531

美元)、印度（6070 美元）和美国（6054 美元）。目前在美国高校，教师的工资足够其过相对体面的生活。美国高校中教师不论能力强弱，均有权获得这份体现保障性功能的工资。同时，为了激励教师发展学术、提高水平，美国高校制定了终身教职制，通过终身教职制度让优秀的学者得到更高的学术认可。而我国教育经费则更注重对教学科研硬件（比如房屋等基础设施建设、仪器设备购置）的投入，相对而言，不太注重对人员费的投入。据不完全统计，美国研究型大学的年度支出经费中人员费占比高达三分之二；而我国一流大学如北京大学等人员费通常仅占三分之一强。熊易寒（2015）在澎湃新闻撰文写道："根据 2013～2014 年高校教师工资调查（Faculty in Higher Education Salary Survey)，该调查涵盖美国 792 所本科院校，教授、副教授和助理教授的平均年薪分别是 97784、76193、66177 美元。各个不同学科的工资水平差距也不大，法学教授的平均薪水最高，是 143757 美元；紧随其后的是商学院教授，为 123233 美元。神学与宗教学的教授工资最低，年薪为 79612 美元。大部分专业的教授职位年薪 9 万～10 万美元。"

与我国学术奖励制度截然不同，在美国，学者发表学术论文或出版专著没有任何经济上的奖励，其学术研究的主要动力来自提高学术声誉，实现学术理想与抱负，从实际运行情况来看，这种精神激励比单纯用金钱进行物质激励效果更好。应该说，我国高校青年教师是苦读多年的学术精英，他们经历了系统而专业的教育和学术训练，现在正是运用专业技术与知识传道授业、报效国家的关键时期。然而，由于经济压力大，加之社会浮躁风气的影响，部分青年教师心态失衡，很难做到"一心一意"搞学术。

我国高校青年教师的这种经济不独立源于社会财富分配的失衡。在经济与生活的多重压力之下，高校青年教师的学术职业信念与价值观难免受到冲击，于是，部分青年教师不再将学术职业视为神圣的职业和理想信念，而只将其当作维持生存的一种大众化的职业或手段，也不愿把全部精力集中在教学、科研工作上。经济不独立影响了高校青年教师群体独立人格和学术思想的形成。

（二）人格不独立

没有独立的经济作基础，高校青年教师的独立人格也难以保全。当前，我国诸多行业受到西方物质主义思潮的影响，产生了“商品拜物教”“货币拜物教”，在这些社会风气的影响下，部分高校青年教师沉迷物质需求与欲望的满足，容易受利益驱使。在学术行政化、浮躁学风的影响下，部分高校青年教师群体在追逐利益的过程中，异化了个体利益与群体利益、眼前利益与长远利益的关系，心态失衡导致人格缺陷，进而影响到高校青年教师群体的学术思想和人格的独立。马克思曾说：“我们彼此进行交谈时所用的唯一可以了解的语言，是我们的彼此发生关系的物品。我们不懂得人的语言了，而且它已经无效了；它被一方看成并理解为请求、哀诉，从而被看成屈辱，所以使用它时就带有羞耻和被唾弃的感情……我们彼此同人的本质相异化已经到了这种程度，以致这种本质的直接语言在我们看来成了对人类尊严的侮辱，相反，物的价值的异化语言倒成了完全符合于理所当然的、自信的和自我认可的人类尊严的东西。”（马克思、恩格斯，1979，第42卷：36）在这里，马克思指出随着劳动存在的社会环境的异化，劳动连同它的主体人本身也异化了，劳动的具有人性的、追求美的、符合伦理价值的部分被抽离了，劳动沦为人们谋生的手段。劳动的异化，带来了人类社会关系的物化。在市场社会中，人与人的关系通过人类劳动关系，表现为劳动产品即商品的性质，即实质上的物与物的关系。由此，人类社会的关系异化表现为物与物的社会关系，形成商品拜物教。商品拜物教的实质就是被异化了的人与人之间的关系借助商品关系进行反映。其中，有两个逻辑前提，一是劳动产品在商品社会转化为商品，即产品背后的物的关系转化成社会的关系；二是人与人之间的社会关系被异化为物与物的交换和占有关系。“活动的社会性，正如产品的社会形式以及个人对生产的参与，在这里表现为对于个人是异己的东西，表现为物的东西；不是表现为个人互相间的关系，而是表现为他们从属于这样一些关系，这些关系是不以个人为转移而存在的，并且是从毫不相干的个人互相冲突中产生出来的。活动和产品的普遍交换已成为每一单个人的生存条件，这种普遍交换，他们的互相联系，表现为对他们本身来说是异己的、无关的东西，表现为一种物。在交换价值上，人的社会关系转化为物的社会关系；人的能力转化为物的能力。”（马克思、恩格斯，1979，第46卷上：103～104）在这里，人们彼此不再形成信赖的关系，反而形成人与物的信赖关系。这里的“物”不再是简单的劳动产品，而是被物化了的人类社会关系。在市场经济条件下，由于货币是代表物的社会关系的固定符号，商品拜物教进一步演化为货币拜物教。恰恰是把人们的社会关系物化的市场社会在给人们造成异化的同时，又蕴含着突破其自身而向更高阶段迈进的条件。“在世界市场上，单个人与一切人发生联系，但同时这种联系又不以［Ⅰ—23］单个人为转移，这种情况甚至发展到这样的高度，以致这种联系的形成已经同时包含着突破它自身的条件。”（马克思、恩格斯，1979，第46卷上：108）

美国学者宾克莱（1983）在其关于价值观的著作《理想的冲突》中说：“马克思反对资本主义的原因主要在于它不能让人的创造才能得到充分发展，反而要使一切人（工人与资本家一样）都成为一种以对财物的崇拜为动力的制度的奴隶。资本主义制度评价一个人的价值是看他有什么而不是看他是什么样的人。结果金钱变成资本主义的伟大的上帝，而一切其他价值，不论是道德的还是精神的，都沦落为替它服务的东西。”因此，马克思理想中的共产主义社会应该是，“创造性的工作将代替异化了的劳动”。

马克思在《〈黑格尔法哲学批判〉导言》中讲道："对宗教的批判最后归结为人是人的最高本质这样一个学说，从而也归结为这样的绝对命令：必须推翻使人成为被侮辱、被奴役、被遗弃和被蔑视的东西的一切关系……"（马克思、恩格斯，2012，第1卷：10）这是马克思对人类解放的价值理想所做的承诺，构成了其全部学说的真正出发点。通过推翻使人被藐视、被遗弃、受屈辱、被奴役的一切关系，得到他对人类解放的最高的价值理想——实现人的自由而全面的发展。这里的"一切关系"就是人被异化、物化的资本主义现实。他提出："劳动所生产的对象，即劳动的产品，作为一种异己的存在物，作为不依赖于生产者的力量，同劳动相对立。劳动的产品就是固定在某个对象中、物化为对象的劳动，这就是劳动的对象化。劳动的实现就是劳动的对象化。在被国民经济学作为前提的那种状态下，劳动的这种实现表现为工人的失去现实性，对象化表现为对象的丧失和被对象奴役，占有表现为异化、外化。"（马克思、恩格斯，1979，第42卷：91）正是这种"异化劳动把自我活动、自由活动贬低为手段，也就把人的类生活变成维持人的肉体生存的手段"（马克思、恩格斯，1979，第42卷：97），这样人就从人的类的关系那里被异化了，不但人与自身的关系异化了，而且与其他人的关系也异化了，形成了人与自身和其他人的对立。因此，"人同他的类本质相异化这一命题，说的是一个人同他人相异化，以及他们中的每个人都同人的本质相异化"（马克思、恩格斯，1979，第42卷：98）。正是从这种"对立的人"或者说"异化的人"的关系出发，马克思提出只有实现每个人的自由而全面的发展才是人类社会解放的最高价值理想，而且只有每个人实现了自由而全面的发展，才有一切人的自由而全面的发展。

（三）学术难独立

经济独立和人格独立的双重缺失，使得高校青年教师学术难独立。

如前所述，高校青年教师正处在其学术生涯的起步阶段，且承受着来自教学、科研、经济、生活等多方面的压力。为了应对这些压力，高校青年教师有三种生活方式：一是安贫乐教，注重精神享受，以丰富的精神生活弥补物质生活的不足，满足于“一箪食，一瓢饮”的师道生活；二是脚踏实地、发奋努力，以透支青春和健康为代价，在教学科研各条战线打拼，拼命挣钱；三是钻营市场、谋取私利，通过学术兼职、兼课，千方百计找学术“捷径”，通过各种渠道谋求个人利益最大化。

市场社会是一套复杂的社会设置，它以欲望满足最大化为动力，以市场经济为环境，以科学推动技术进步，再推动生产发展，而以人的需要为基础构成的社会需求是推动科学技术进步的最直接、最重要的动力。人是自然存在物与社会存在物的对立统一，作为社会存在物，人是非自足的，为了生存，人必须通过交换从他人或从自然界那里获得必需的物质、能量和信息。在人类的各种需求中，人们会综合考虑环境的需要和个人性格、兴趣爱好等，理性地将各种需要按照由物质需求到精神需求的由低到高的等级排序，并做出最优化方案，以决定哪些是首要需要，哪些是次要需要，哪些是最优需要，哪些是次优需要。在这一过程中，人的意识决定着其构造社会需求的样式，反之社会样式也不断地改造人的兴趣、爱好从而影响其需要结构与满足需要的形式。

人的需要和欲望是不断扩张的，而市场经济为此提供了社会环境。科学技术充当着追求利益最大化和满足需要最大化的手段。青年教师职级低、收入低，他们中的一些人会选择前述第二甚至第三条路径来化解自身压力，为了生财，急功近利，挖空心思，甚至本末倒置，于是各种学术失范现象接踵而至。在高校青年教师学术失范这一表象的背后是现代大学的异化。大学原本应该是“一个将以献身科学真理的探索和传播为志业的人们联合起来的机构”，但学术体制化，行政权力对学术管理的渗透，加之学术与经济和社会的联系越来越紧密，使得学术的生存空间越来越窄，学术自由受限，行政规律代替了学术规律，学术的经济价值僭越学术的内在价值。治理学术失范，须还学术以自由，按学术之规律管理学术，实现雅斯贝尔斯（2007：85）所说的，“在大学的势力范围之内，除了不可穷尽的真理之外，它不尊崇任何权威；而对于真理，一方面任何人都可以去寻求，但另一方面，谁都不能说自己手中所掌握的真理是十全十美、无以复加的”。当前，受浮躁风气的影响，部分高校青年教师为了增加收入急功近利、舍本求末，把重点放到对物质的占有上，日趋世俗化、功利化，甚至违背学术规律。其实，一时的经济困境可以通过提高教师待遇等方法解决，但如果因学风败坏而人心难收，那将很难扭转。

第二节　高校青年教师的群体特征分析

近年来，随着我国高等教育体制改革的不断深入，高校教师队伍的年龄结构发生了重大变化，青年教师在高校的教学、科研、管理等工作中发挥着越来越重要的作用，已成为高校未来发展的重要支柱。作为一个特定的社会群体，高校青年教师不仅具有教师的一般特征和青年的普遍特征，还具有独特而鲜明的群体特征。

一　高校青年教师的思想特征

高校青年教师的思想道德观念和行为准则与老一辈学者具有明显的差异：一方面，他们追求更为实用的知识技能（如拥有多类资格能力证书），敢于展现自我，渴望实现自我价值，希望尽快得到社会的认可、尊重、理解和信任；另一方面，他们又过度关注自我，一切努力都围绕着是否有利于个人职称晋升和职位升迁，谋求“工具合理性”。他们不是老一辈那种理想的、奉献型的群体本位主义者，而是倾向于务实的、功利性的个体理性主义者。高校青年教师一方面高度肯定国家发展取得的巨大成就。李敏、颜吾佴（2020）调查发现，在党的十九大以来政府开展的一系列工作中，高校青年教师们认同感最高的五个方面分别是：反腐倡廉（74.8%）、全面深化改革（61.8%）、实现中华民族伟大复兴的中国梦（59.2%）、保障和改善民生（57.8%）、践行社会主义核心价值观（57.6%）。与此同时，也存在少数高校青年教师理想信念缺乏、价值取向偏移的问题。在“人生目标”的问题上，52.6%的青年教师选择了“成为一个对他人和社会有用的人”，20.8%的青年教师选择了“人格高尚”，16%的青年教师选择了“家庭美满”，6.2%的青年教师选择了“事业有成”，4.4%的青年教师选择了“生活富裕”。在“高校青年教师是否存在信仰缺失”问题上，63.8%的青年教师认为“少部分人存在”，12.2%的青年教师认为“存在”，只有8%的青年教师认为“不存在”，[①] 这说明高校青年教师的人生目标和信仰多元化，共产主义理想有所淡化，高校青年教师思想政治教育工作难度加大。此外，部分高校青年教师认为我国社会经济发展方式还存在一些问题，对“中国模式”还缺乏经验与教训的总结与推广。2011年，对外经济贸易大学副教授廉思（2011）对北京、上海、广州、武汉、西安五个城市135所高校的5138名大学青年教师的调查发现：“有75.5%的受访者希望尽可能多地参政议政，仅有10.8%的受访者没有参政议政的意愿。”[②] 同时，调查高校青年教师对参政议政渠道的认识时发现，认为参政议政渠道相对畅通的比例仅为15.8%，而认为不够畅通或者完全不畅通的比例高达84.2%。通过数据对比发现，高校青年教师参政议政意愿与渠道相背离。较高的政治参与热情与较少的政治参与渠道，导致了该群体

① 此处调查数据只列举了部分选项。

② 此处调查数据只列举了部分选项。

不得不通过网络等公共平台表达对政治问题的认识。于是，一些高校青年教师将课堂或讲座变成宣扬自我价值的场所，将自己的不满在课堂上自觉不自觉地流露出来，或牢骚满腹，或慷慨激昂地表达自己的价值主张。消极的认知态度结合独特的价值观输出方式，虽然对高校青年教师自身利益的实现作用不大，但势必对学生价值观的塑造产生很大影响。

二　高校青年教师的学术行为特征

在科研方面，与老一辈相比，高校青年教师学历层次普遍较高，他们中绝大多数是博士研究生毕业，受过规范而系统的学术训练，具有良好的科研能力，基础理论扎实，知识面宽，有较高的外语水平和计算机应用能力，能熟练使用多媒体和现代教育科学技术辅助教学。在教学方面，由于大多数教师是非师范类专业毕业，缺乏必要的教育教学知识和技能培养，对教育规律把握不准，教学方法和教学经验不足。

廉思（2011）对青年教师的调查表明，在青年教师对学术环境质量的评价中，“科研独立”的得分仅为 2.08 分（5 分制）。闫东（2015）课题组则对北京各具特色的 10 所高校的青年教师进行了调查，在面对“如何对待科研论文抄袭现象”这一问题时，66.9% 的青年教师认为这是科研道德的丧失，应坚决杜绝；24.6% 认为是政策不合理造成，可以适当容忍；8.5% 认为这是一种社会现象，很多人都这样。对于“科研领域课题经费虚报现象”，36.2% 的青年教师认为正常，是科研体制存在的问题所导致；28.5% 认为正常，教师收入不高，并且科研需要花时间、精力；仅有 24.4% 认为不正常，应该遵守课题申请的承诺；11.0% 认为说不清。部分青年教师科研急功近利，盲目仿效；教学照本宣科，无视学生感受；漠视社会问题，缺乏批评精神。学术不独立在社会上有形形色色的表现，比如：沦为利益集团的代言人，为开发商的高房价摇旗呐喊；散布经济泡沫论，充当资本市场的吹鼓手；鼓吹“宪政民主”，对我国协商民主视而不见；林林总总的学术“傍大款”现象。

三 高校青年教师的职业生态特征

高校青年教师大多是经过 20 多年的寒窗苦读获得博士学位，取得进入高等院校和学术界资格的，他们本应是社会羡慕的精英阶层，然而其经济待遇却并不高，甚至呈现明显的“脑体倒挂”现象。

中国高校教师的薪酬偏低。与其他行业的薪酬相比，中国大学教师的收入水平偏低。调查发现，2010 年北京市属高校教师的平均工资收入低于 2009 年北京市在岗职工的平均工资。而日本高校教授的年收入仅低于飞行员，居各行业第二位，副教授居第四位，讲师居第八位。在香港，高校教师平均工资水平在全社会处于中等偏上水平，与公务员工资水平相同，同时拥有比较丰厚的住房津贴或拥有校内宿舍等。

面对愈演愈烈的高校“市场化”，管理者未采取“对症下药”的措施，增加政府的高教投入，改善教师的薪酬结构和工资待遇；而是试图通过绩效考核的加码达到控制工资外收入、让教师回归课堂和科研的目的。这些指标包括：本科生教学、带研究生、发表论著、主持课题、到校经费、获奖获证和获政府批示的数量。有些指标高得离谱，如一学年 450 小时以上标准学时、一年三篇论文（含一篇 SCI、SSCI、A&HCI 或 CSSCI 论文）、三年一本书等，绩效考核的加码并未达到预期的效果，反倒使大学学术造假问题凸显，普通教师忙于应付，超时工作成为高校教师的常态，许多教师身体长期处于“亚健康”状态。调查表明，教授每天工作低于 8 个小时的仅占 5.6%，工作 8 ~ 11.9 个小时的占 67.9%，12 ~ 15.9 个小时的占 24.3%，有 2.2% 的人工作时长甚至在 16 个小时及以上。副教授每天工作 8 ~

11.9 个小时的占 77.3%，每天工作 12～15.9 个小时的占 11.3%，有 0.7% 的人日工作时间在 16 个小时及以上。绝大多数大学教师的日工作时间超过 10 个小时。另外，教授每周工作 6 天以上的占比高达 74.9%，其中工作 7 天（每天都工作）的占比高达 36.3%。副教授每周工作 6 天以上的占 52.6%。职称越高者绩效压力越大，工作时间越长。（张荆、赵卫华等，2014）

高校青年教师面对着结婚生育、抚养子女、赡养老人等生活压力；面对着教学、科研等工作压力；面对着还房贷、维持生计等经济压力：这些是他们无法回避的。高校青年教师处于精力最充沛、科研想象力最丰富、创造力最强的“学术青春期”。正如四川大学前校长、中国工程院院士李言荣2020 年 11 月 26 日在四川大学研究生教育工作会上的讲话中所言，“人一生有两个阶段最能逼出成果，一是拿博士学位，二是评正教授”。高校应该通过制度安排，让青年教师有更多的时间和精力从事科研和创造性劳动。然而，高校青年教师因入职时职称低、薪酬低，为排解大城市物价上涨的生活压力，会挖空心思在本职工作之外寻求生财之路，这些因素严重影响了高校青年教师未来的学术发展潜力。在香港，大学实施“实任制”，学校与年轻教师签订固定年期合同，规定学术绩效指标，三年中期考核，合格再续聘，六年考核合格后实行“实任”，可聘用终身，不合格者离开。六年中不让青年教师做杂事，每学期承担一门课，学校为年轻教师提供无忧的薪酬保障、优厚的科研经费和众多的研修机会，青年教师必须在六年时间里毫不松懈地努力搞好科研，创造性研究成果大量产生，并为以后的科研发展奠定坚实的基础。日本高校的制度安排与中国香港近似，年轻教师没有做杂事的资格，主要任务为进修和科研，学校为其提供充足的科研经费和出版补贴。越年轻的教师科研时间越多，越老的教师事务性工作越多。这种制度安排似乎更符合科研创新的规律。

总之，当前我国高校青年教师学术职业在横向层面发生了功能性和类型的分化，由原来“单一身份承担单一功能”（教学）发展为“单一身份承担双重功能”（教学、科研），再到“多元身份承担多元功能”。高校青年教师的代际特征明显，在学术研究活动中，高校青年教师既是学术研究的主体，又是普通的社会成员，具有双重甚至多重身份；既承担学术责任，也承担社会责任；既追求社会公共利益，也追求个体利益。

第三节　高校青年教师学术失范成因

一　基于社会失范理论的解读

失范（anomie）现象是社会学研究的重点，并于20世纪20年代形成了一门独立的学科——失范行为社会学。对“失范”的内涵，社会学从微观视角和宏观视角两个维度进行了界定。微观视角下的失范是指一定社会的群体及其成员个体违反或背离社会规范的各种失范行为。宏观视角下的失范是指一定时期的社会规范缺失或失位造成的社会失序状态。法国犹太裔社会学家、失范理论创始人杜尔凯姆从社会事实出发，认为失范是一种无规范状态，即社会规范缺失与含混不清的状态。显然，杜尔凯姆是从宏观视角来界定失范的。在社会转型期，由于社会规范缺乏、含混、矛盾、不合理、变化多端或权威性丧失，用以调节社会群体及其成员个体欲望和行为的社会规范和制度约束出现了缺位或失位，形成了一定时期内的“道德真空”状态。美国社会学家默顿对失范行为社会学进行了发展和充实。他认为，失范是社会群体及其成员偏离社会规范、制度体系的各种失范行为，造成失范的原因是社会群体及成员认同社会规范失败，社会规范丧失了调控功能与控制力。这里，默顿是从微观视角来界定失范的。因此，失范具有双重内涵。从规范的存在状态即宏观视角来看，失范是指用以约束社会成员的社会规范的缺失状态；从规范运行的结果即微观视角来看，失范是指社会群体及其成员违反或偏离社会规范的各种失范行为。因此，本书所研究的学术失范具有双重含义，既包括学术管理制度违背学术研究规律的失范状态，也包括高校青年教师在学术研究活动中的各种失范行为。

（一）高校青年教师学术失范的环境分析

当前我国正处在经济转型升级和社会发展的重要阶段，随着社会和经济结构的变迁，人与人之间的利益关系和利益格局也产生了深刻变革和调整，使得原有的社会规范、制度体系发挥作用的外部经济社会环境和赖以存在的基础发生了根本性变革，于是原有的社会规范、制度体系失去了其应有的约束力。这时，新的适应变化了的经济和社会结构的社会规范、制度体系还在建立和完善阶段，还需要进一步调适，造成了规范、制度空白或衔接期的失范状态。与此同时，市场经济体制的逐步完善，使得效率原则深入人心，利益格局和社会结构重组，人们产生了追逐成功的功利心态，这些条件为微观层面的各种社会失范行为提供了“天然的温床”。部分高校青年教师的学术失范行为正是学术利益关系失序在学术界的缩影，是他们道德滑坡的表现。

第一，家庭道德教育缺位。家庭教育是最好的启蒙教育，父母是孩子能接触到的最早也是最好的道德教育榜样。其实，我国父母对孩子的教育问题是非常重视的，而且也愿意对教育进行投入。父母为了孩子的教育，费尽心血，有的宁可卖房卖血也要凑足学费让孩子上学。然而，他们却忽视了对孩子的家庭道德教育，产生了家庭道德教育的缺位。他们往往认为把孩子送到学校就行了，教育是学校的事，父母只需要给够学费、生活费，给孩子创造学习的条件就够了。即使个别父母对孩子进行了一定的教育辅导，也仅限于功利性和实惠性的满足考试需求的语文、数学、英语等必修课程，对道德品质教育则不闻不问，有的父母甚至对孩子的不道德行为也不加管教，造成孩子青少年时期思想道德教育的严重缺位。

第二，学校道德教育缺失。教育的最大功能在于塑造人的品质。基础教育阶段尤其是中学阶段是学生道德行为规范养成的关键阶段。然而应试教育的功利性导向，使得我国对道德教育的定位失准，加之教育评价的功利化（以分数为衡量教育效果的唯一工具），在我国基础教育阶段，有些学校的品德教育成为可有可无的科目，有名无实。加之教育方法单调、手段单一，学生对道德教育的认同不够，使得效果欠佳，由此形成了基础教育阶段学校道德教育的缺失。到了大学阶段，由于就业竞争加剧，学生无心无力关注道德教育；从高校本身来看，由于面临行政主管部门和社会的双重压力，就业率成为行政考核、教育拨款的首要指标，教育的目标越来越强调培养为社会服务的“人力”（manpower），而不是“独立的人性”（manhood），社会将教育作为人力资源开发的基础，人们将教育视为一种投资，学校成为“知识工厂”，旨在训练社会需要的人力。在市场面前，高校从引领社会发展的力量变成了被改造的对象。研究生教育阶段是导师引领研究生进入学术殿堂的关键阶段，导师不仅是科学专业前沿理论与知识创造的先导，更应该培养研究生良好的学术研究思维与严谨的学术态度，使其养成遵守学术规律和规范的习惯，塑造高尚的学术品质，形成对学术规律的敬畏，这是从研究生成长为未来的青年教师的学术道德基础。然而，随着我国研究生教育规模不断扩张，加之学术研究的功利化趋向，高校教授无法坚守学术的“冷板凳”，纷纷走出象牙塔，忙于应付各种社会活动，或跑课题，争取研究经费。几年下来，学生与导师之间除签字外难得见上几面，有的教授甚至连学生的名字都叫不上来，学术规范方面的指导当然也无从说起。

第三，高校青年教师群体“朋辈效应”的影响。“朋辈效应”是心理学中常见的概念，是指年龄相当者对周围人群的示范效应或榜样作用。1971 年，美国心理学家阿尔伯特·班杜拉把社会因素引入行为主义学习理论，提出了社会学习理论。社会学习理论认为，人类的社会行为和人格，主要通过对身边人进行学习观察总结、模仿其他人的行为、将自我行为和心态与榜样进行比较而形成。正如我国古人所言“近朱者赤，近墨者黑”。在学术界，一些教师的学术失范行为看似个体行为，然而对其处理态度会由“朋辈效应”潜移默化地影响到整个学术共同体的大多数成员。如果不及时控制，在学术交往中这些行为会由其他学术成员学习并传导，进而导致学术失范现象在学术界蔓延。

（二）社会文化目标与制度手段之间的张力结构

默顿（2006）认为，导致社会失范的原因，是社会结构与文化结构之间的结构功能失衡，表现为一定社会条件下的人们为自己确定了一个具体文化目标，然而却未能正确地选择实现这一目标的制度手段，二者之间产生了失衡状态。在一定社会条件下，人们在具体的社会活动中无法协调由社会与文化结构规定的目标与手段，在确定奋斗目标及选择如何实现这一目标的手段时产生了各种偏差行为，导致失范现象。改革开放以来，我国社会形成了经济市场化、生活物质化、文化价值多元化的社会格局。在新时期新形势下，受西方个人主义、消费主义、享乐主义等非主流价值观及价值取向的影响，我国部分社会成员确定了以追求富足的物质文化生活为主的奋斗目标。在社会转型阶段，由于多种因素的影响，并不是每个社会成员都正确地选择了实现这一目标的制度手段，在选择实现文化目标的制度手段时产生了偏差，导致奋斗目标与实现手段、路径之间的张力结构。

当前，大部分青年教师能够通过刻苦钻研扎扎实实地提高学术水平，兼顾学术的社会利益与个体利益，但有少数青年教师过分追求学术的功利性价值而忽视其内在价值。高校多以利益来驱动教师提高学术水平，追求短平快的市场效益，使得学术研究碎片化、快餐化，奉行“拿来主义”，搞学术“西化”，一切向西方学习，甚至不择手段，而那些关系我国历史命运的重大的社会历史问题和基础科学问题，却较少有人问津。从长远发展来看，它必将阻碍我国整体学术水平和自主创新能力的提升。就高等学校而言，学术研究水平是各类排名的核心指标，各类排名是社会评价、学生报考的重要依据，学生报考和就业情况又是教育行政管理部门拨款的依据。因此，学术水平关系学校的前途和命运。对学校而言，要实现排名提升、学术水平提高的目标有两条路径可以选择。一是苦练内功，强化学术内涵建设，建设师资队伍，培育高层次人才，打造高水平研究团队，建设高水平基地，争取高级别项目和产出高水平成果，全面提高学术水平。二是通过纵容学术失范行为达成目标。比如有的学校通过花钱买排名，为提高学术水平不惜花重金挖人，造成无序竞争，破坏了学术运行的内在规律，他们不仅对学术失范行为不管不问，甚至纵容、包庇学术失范行为。“学术定终身”的评价制度是学术失范的“助推剂”。

总之，运用社会失范理论，我们可以总结出一条高校青年教师学术失范行为形成发展路径（见图 4-1）。透过社会失范理论，学术界形形色色的失范现象均得到有效解释。

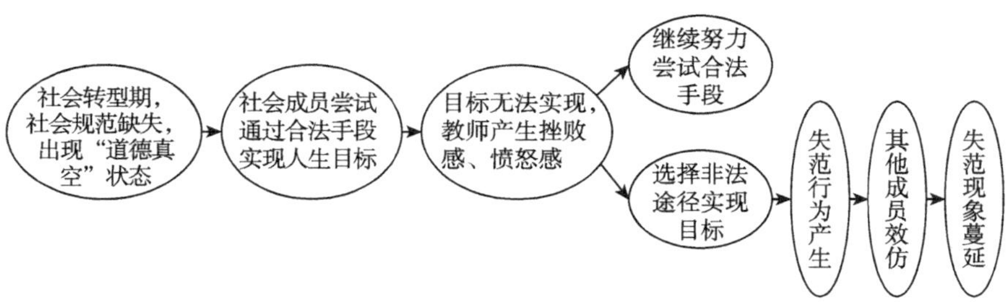

图 4-1　高校青年教师学术失范行为形成发展路径

二　基于理性选择理论的分析

新制度经济学认为，人有机会主义行为倾向。“这是指人对自我利益的考虑和追求，意思是人具有随机应变、投机取巧、为自己谋取更大利益的行为倾向。”（卢现祥，1996）个人求得价值最大化可在三种价值关系中进行：于他人有利，于他人无害，于他人有害。由于人在追求自身利益最大化的过程中多半受到利己动机的支配，制度产生就是必然的。个人追求自身利益最大化可能造成两种危害：一是无意识地、“附带地”损害社会利益或相关者利益；二是故意地、“人为地”损害相关者利益以满足一己私利，如通过不诚信行为谋取个人利益。在上述两种情形下，个人在追求价值最大化过程中进行的成本收益计算，就不再是简单的个人问题了，而是直接涉及主体及相关利益者之间的利益关系。个人成本必须社会化，即把追求私利行为给他人和社会造成的损害也算在其成本之内。只有在无害甚至有利于社会的大前提下，即个人成本与个人收益接近或等于社会成本和社会收益时，追求个人价值最大化的行为才是有效率的，也才是合乎价值规范要求的。制度的一个基本功能就是将功利行为的外部性内在化。

1990 年，美国社会学家科尔曼在批判性地吸收各学科研究成果的基础上，出版了《社会理论的基础》一书，他结合微观分析与宏观分析，从个体行动者与法人行动者角度出发，对理性选择理论做了系统的社会学阐释和分析。科尔曼的理性选择理论以四个基本假设为条件：一是个人的追求目标是实现自身最大利益；二是在实现奋斗目标的多重路径中，可自由选择；三是个人主观认为，每种选择的结果均不相同；四是个人在主观上对不同的选择结果有不同的偏好排列。触发理性选择行为的假设条件是：$V = BP - P'C$（其中 V 表示行为的预期总效益，B 表示预期收益，P 表示行为成功率，C 表示预期成本，P'表示行为失败率。当 $V > 0$ 即收益大于成本时，行为发生；反之，则行为不发生）。在理性选择理论看来，学术失范行为的发生实际上是学术群体及其成员个体为实现学术目标进行的一种“理性选择”。科尔曼（2008）指出：“蕴含某些行动者利益的事件，部分或全部处于其他行动者的控制之下。行动者为了实现自身利益，相互进行各种交换……

其结果，形成了持续存在的社会关系。”

（一）学术失范预期收益大于预期成本

如前所述，行为的预期总效益大于零，即学术失范的预期收益大于预期成本，是学术失范行为发生的前提条件。在学术活动中，以学术论文发表为例，如果通过正常途径撰写、发表论文需要经历构思（反复推敲其创新性、合理性、可行性）、写作（调研、查阅资料、反复修改、定稿）、投稿（初审、修改、复审、定稿）、发表这样一个周期，这需要消耗作者大量智力，且要耗费半年到一年甚至更长的时间，有时光编辑部修改都要反复 3～5 次，显然，这一过程的代价是相对大的。反之，如果通过学术交易、利益输送或作假抄袭等学术失范行为，就可以轻轻松松地实现论文发表的目标。这样，那些急功近利的学者似乎就找到了一条通往学术成功大门的“捷径”，而且其付出的时间和智力代价（成本）远远低于正常途径。

在“学术定终身”的评价制度下，学术失范行为的预期收益包括，学术成果得到发表、科研课题获准立项、获得奖励，以及由此带来的学术声誉及经济收益。那么学术失范行为的代价（成本）有哪些呢？一般而言，可能包括直接成本、机会成本和风险（惩罚）成本。直接成本指用于学术交易、走后门拉关系、请客送礼或支付给中介的经济方面的成本；机会成本指将学术失范行为的直接成本用于正常的学术活动可能获得的收益；风险（惩罚）成本指学术失范行为获得的荣誉被取消，包括论文被撤销、课题经费被收回、获奖证书被注销，以及可能带来的消极影响。一般而言，直接成本与机会成本是相对固定的，风险（惩罚）成本随学术失范控制与处罚管理的力度变化而变化，是一个变量。学术失范行为惩罚的基础和前提是准确发现失范行为，所以，发现并查处学术失范行为的概率及力度就构成了学术失范行为的风险（惩罚）成本。这里实际上涉及三个变量：一是发现的概率；二是查处的概率；三是处罚力度。一般而言，学术失范行为的代价（成本）与发生概率成反比，即代价（成本）越高，失范行为发生的概率越小；反之亦然。近年来，我国学术界失范行为经历了20世纪偶发到21世纪初呈蔓延之势，再到目前基本得到控制的治理历程，这正是我国从管理部门到各学术机构不断加强学术失范治理，提高失范行为成本的结果。在失范行为偶发时，管理部门和学术机构均未足够重视，觉得那是个别现象，甚至在失范行为被发现后，因担心处罚失范行为会给所在单位带来负面影响，往往大事化小，小事化了，这就使得失范行为代价（成本）极低，有时甚至趋近于零。学术失范行为可以以极低的代价（成本）获得高额的收益，这一结果通过朋辈效应传导给其他人，导致学术失范行为逐渐呈蔓延之势。后来，有关部门对学术失范零容忍，一票否决，提高了失范行为成本，使得失范行为基本得到控制。总之，根据理性选择理论，当触发理性选择行为的假设条件，即总效益大于零，失范者有利可图时，失范行为就会发生。

（二）失范行为举报代价大于举报收益

首先，学术失范行为都是不光彩的事情，加之人为地进行隐匿，使得发现概率很低。其次，因失范行为举报代价大于举报收益，许多人即使发现了失范行为，也选择不举报，这进一步降低了失范行为的代价（成本）。从发现者的角度来看，也存在一个“代价—效益”的理性选择问题。举报的代价包括，举报带来的时间成本、被举报者及其利益相关者可能的打击报复；举报的预期效益主要有，维护学术公平正义或自我学术权益带来的学术声誉（这更多地属于学术的公共利益）。发现但不举报的代价是可能的学术公平正义遭到破坏（损害学术的公共利益）或个人学术权益受损（这很少甚至不涉及实际的经济利益）；不举报的预期效益主要有，失范行为者可能的贿赂（可能获得较多的经济利益或所谓的补偿）。基于此，对发现者而言，出于理性选择，其举报的概率偏低就不难理解了。

三 基于社会控制理论的分析

社会控制理论由美国犯罪学家特拉维斯·赫希（Travis Hirschi）的社会联系理论及瓦特·C. 雷克利斯（Walter C. Reckless）的遏制理论整合形成，主要用于研究解释如何有效诱导和调控青少年的行为与价值观念，以减少犯罪，从而维持社会整体或组织内部的良性运行秩序与协调稳定发展。运用社会控制理论揭示部分高校青年教师学术失范行为发生及蔓延的过程，可以发现教育主管部门和高校对青年教师学术行为的调控有失当之处。对此，哲学家斯宾诺莎（1999）断言："如果某一国家比另一国家邪风更猖獗，犯罪更普遍，那一定是由于这个国家谋求和睦不足，法制不够昌明，而且未能建立起完全的国家权利之故。"

一般认为，对高校青年教师学术失范的社会控制主要有以下两个方面的问题。

（一）处罚力度不够

从高校内部来看，从理论上说，高校内部对学风和学术道德建设都非常重视，都将学术失范行为的认定和处罚程序、措施写入了学术委员会章程，但这些文件往往只在墙上挂挂，流于形式，并未落实到实际工作中去，高校对一些失范行为虽进行了"查"，但未进行"处"，未能严格执行文件规定。从社会的外部控制来看，我国至今没有专门针对学术失范行为治理的法律条文，社会各界对学术失范行为多采取"事不关己"、冷漠或冷嘲热讽的态度。总之，对学术失范行为的处罚失之于偏、失之于软，这无形中助长了失范行为的气焰。

（二）监管方式单一

目前，我国高校主要由人事处或科技处来管理青年教师学术行为。从管理部门到高校对青年教师学术失范行为的治理，均是以加强处罚、提高行为代价的负强化方式来进行。从管理学理论来看，通过

“堵”的手段来治理学术失范，只能治标；如果利用“疏”和“导”的方式，则可标本兼治。研究发现，各高校都很重视青年教师队伍建设，并且制定了老中青“传、帮、带”的措施来提升青年教师学术水平，加强师德师风建设，但并未真正形成学术团队或学术共同体组织。在我国高校基层学术组织建设历史中，曾有过基层教研室这一成功的经验，教研室是教师进行教学与学术交流的基层单位，是教师进行自我管理、自我教育的重要阵地，是老中青“传、帮、带”的重要平台，对提高教师教学与学术研究能力具有重要作用，然而现在教研室在各高校基本上名存实亡，很多教师一年也参加不了几次，没有时间认真研讨学术与教学。一味地依赖“堵”来治理青年教师学术失范，不但损害其自尊心，恶化管理者与教师的关系，也无法从根本上提高青年教师的学术水平和能力。

目前，我国从教育主管部门、高校到社会都已意识到学术失范行为对学术研究活动的危害，为此正致力于通过制度、道德、法律、技术等方式，构建协同治理机制，规范学者的学术行为。从实际运行效果来看，这些外源性举措看似“对症下药”，但并未起到“药到病除”的效果。问题的关键在于，治理学术失范必须根植于学术界，从学术研究活动及其内在规律的内生性视角出发，观照学术研究活动的主体——高校青年教师。

四　基于学术价值理论的分析

个人与社会之间的关系，表现在社会的价值体系中，构成社会的价值理想、价值导向和价值规范与个人的价值目标、价值取向和价值认同之间的矛盾。其中，社会的价值理想、价值导向和价值规范在矛盾中居主导地位，决定着社会价值观的性质。社会的价值导向与个人的价值取向之间的矛盾，在最本质的意义上，就是“我们到底要什么”与“我到底要什么”的矛盾。

从社会现象看，每个人的价值目标及价值取向总是千差万别、千变万化的，似乎每个人的价值取向只是取决于个人的利益、欲望、兴趣、情绪甚至嗜好等纯粹与个人相关的因素。因此，人们往往把个人价值取向的基本特征概括为主观性、任意性和随机性。所谓主观性，就是认为个人的价值取向取决于个人的主观意愿，个人愿意选择哪种价值目标，就选择哪种价值目标。所谓任意性，就是认为个人的价值取向可以随意改变，今天选择这个价值目标，明天选择那个价值目标。所谓随机性，就是认为个人的价值取向的选择与改变完全可以脱离社会的各种条件的制约，全凭个人意愿。透过个体千差万别、千变万化的价值选择，可以发现：个人的价值目标总是“取决”于社会的某种价值理想；个人的价值取向总是“取向”社会的某种价值导向；个人的价值认同总是“认同”社会的价值规范；个人的价值选择总是“依据”某种社会的价值标准。这表明，在社会的价值体系中，个人的价值目标、价值取向、价值认同和价值选择，总是具有社会性内涵。这主要表现在个人价值取向中的社会内容、社会性质和社会形式三个方面：从个人价值取向的社会内容上看，总是具有社会性质的社会正义、政治制度、法律规范、道德伦理、人生意义等问题，而不是没有社会内容的所谓纯粹的个人问题；从个人价值取向的社会性质上看，总是具有社会性质的真与假、善与恶、美与丑、集体利益与个人利益、整体利益与局部利益、长远利益与暂时利益等问题，而不是与社会无关的所谓纯粹的个人问题；从个人价值取向的社会形式上看，总是表现为作为社会意识形式的宗教、艺术、伦理、科学和哲学，而不是与社会意识形式无关的所谓纯粹的个人表现。

高校青年教师学术失范的实质是学术价值的失序。高校青年教师的学术失范从表象上看是学术违规行为，本质上是对其作为学术人的价值理想、价值目标和价值标准等规范的背弃，不仅是对其作为学术人应有的最基本的学术道德的异化，更是对学术共同体共同的规范、准则以及社会发展运行之规律、法律的背弃。学术研究的底线是按照学术运行的内在规律去追求真理，让学术研究成员因学术而自豪，在追求真理中获得尊严和快乐，而不是谈学术色变，视学术为怪物避而远之。高校青年教师学术失范外在地表现为学术行为上的失当，实际上是部分高校青年教师学术价值观异化的真实写照。学术价值观异化（表现为学术价值关系的异化）是部分高校青年教师学术失范的根源。大学因追求真理、探究知识而存在。大学的功能可能随社会发展不断拓展，但学术的本质和规律不会改变。求利的行为必须置于真、善、美的前提之下。学术研究活动既要符合学者个体层面的“德”（即学术信仰、需要），符合学术共同体群体层面的“善”（即学术理性、规范），更要符合社会层面的“理”（即真理、规律），是合目的性、合规范性与合规律性的统一，也是学术研究活动的真理性与价值性的统一。

马克思将人类在历史活动中的存在状态总结为三个阶段、三种形态：一是在自然经济社会形态下的“人的依赖关系”阶段；二是在市场经济社会形态下的“以物的依赖性为基础的人的独立性”阶段，三是在未来共产主义社会形态下的“建立在个人全面发展和他们共同的社会生产能力成为他们的社会财富这一基础上的自由个性”阶段（马克思、恩格斯，1979，第46卷上：104）。市场经济形成的“以物的依赖性为基础的人的独立性”，集中体现为商品关系异化导致的人的“异化”状态，同时这一社会形态也为走出“异化”，走向个人全面发展和自由个性阶段提供了前提条件。人类的当代使命，不仅包括走出“对物的依赖性”的异化状态，还包括把人从“对物的依赖性”的异化中解放出来，塑造独立自由的个性，实现人自身的全面发展。以生产关系为基础的人与人之间的全部社会关系，已经被异化为物与物的关系，“它使人和人之间除了赤裸裸的利害关系，除了冷酷无情的‘现金交易’，就再也没有任何别的联系了”（马克思、恩格斯，

1995b，第 1 卷：275）；在市场经济社会中，商品（货币）拜物教造成了人的社会关系的异化，进而造成了人的价值观的异化，成为统治人的占有统治地位的意识形态。

从学术志业到学术职业，学术研究变成了一种谋利的方式，部分高校青年教师被发表论文所支配，被内心那团利益和欲望之火点燃，总想去捞点钱，去买车买房。市场经济把等价交换原则渗透到全部社会生活当中，并使之成为现代人的生存方式，由此造成了人与自然之间关系的异化（向自然界无休止地攫取造成的全球气候与环境问题）、人与社会之间关系的异化（社会对人性的扭曲）、人与人之间关系的异化（利益关系导致的人际关系的冷漠与紧张）、人与自我之间关系的异化（人异化为金钱和物质的奴隶而造成的自我的失落）。现代人的这种“物化”或“异化”，使人日益深切地感受到“精神家园”的失落。世界的符号化和自然的隐退所形成的“无根”的意识，价值尺度的多元化和不确定性所形成的“没有标准的选择”，终极关怀的感性化所形成的“信仰缺失”“意义失落”，成为当代哲学最为关切的理论问题和现实问题。

当部分高校青年教师将所有的人生追求都放在把房子从 80 平方米换到 100 平方米、120 平方米、160 平方米、180 平方米、260 平方米这样的“稻粱谋”的目标的时候，如何能安心地坐在“冷板凳”上按照学术本身的规律去开展学术研究活动?

总之，学术总是为利益服务的，利益是学术发展的推动力，学术应关注的是人类共同的利益，而不是研究者个体的私利。部分高校青年教师学术价值观的异化是导致学术失范的根本原因。学术失范现象的根源在于学术研究与利益的关系发生了异化，个体利益遮蔽了社会利益，学术沦为个人谋取私利的工具。部分高校青年教师为了谋取个人私利将个人利益凌驾于群体利益和社会公共利益之上，甚至以牺牲群体利益和社会公共利益来满足个人利益，导致形形色色的学术失范行为，而学术管理与评价制度不科学、法律制度不健全、社会控制不力等因素进一步助推了学术失范行为的蔓延，是学术失范的外源性因素。

孔子曰：“道之以政，齐之以刑，民免而无耻。道之以德，齐之以礼，有耻且格。”治理学术失范不能仅靠学术评价机制、法律政策规定、技术手段，上有政策下有对策，如此就会“道高一尺，魔高一丈”了。治理学术失范需要靠学术人真正的自我修养。如果自己有非常强的能力和坚定的学术规范意识，那么学术研究和创作就可以真正“从心所欲，不逾矩”，意识不到学术价值规范的存在！相反，如果学术能力有限，为了评职称、聘岗位，把学术作为追逐私利的工具，也就只能“闯红灯”了，学术失范的可能性就随时存在。

第五章

高校青年教师学术价值观的形成、发展及其影响因素

高校青年教师具有显著的群体特征，其学术价值观的形成是在一定社会环境和文化制度的影响下其内在的知、情、意、行等心理诸要素相互促进、相互协调的辩证运动过程。本章在分析高校青年教师群体特征的基础上，运用马克思主义价值论与意识形态理论，运用系统分析方法，分析高校青年教师学术价值观的形成和发展过程。从意识形态、价值观、理想信念、个体人格、价值行为五位一体的角度，探寻学术价值观的形成和发展特点，分析理想信念、学术价值观自发—自觉—自为的演进过程。构建社会—文化—人格—价值观系统结构模型，从社会系统、文化系统、人格系统等视角深入分析高校青年教师学术价值观的影响因素。

第一节　高校青年教师学术价值观的形成和发展

一　意识形态、理想信念与学术价值观的内在关联

意识形态是与一定社会的经济和政治直接联系的，主体对人类社会和客观世界的认知、观点、概念、思想、价值观的总和。价值观是人们对事物进行价值判断的尺度，属于主观的思想领域，价值关系是人与人

之间实际的利益关系，属于客观的社会关系。人们的价值观可能正确地反映了价值关系，也可能歪曲地反映了价值关系，二者并不是绝对一致的。高校青年教师学术价值观的形成是在一定社会环境和文化制度的影响下，其内在的知、情、意、行等心理诸要素相互促进、相互协调的辩证运动过程，是其在意识形态系统中对社会价值观念的认同及内化（形成相对稳定的价值意志）的总体反映。个体价值观通过其行为系统外化为价值行为。实际上，价值观的形成是包括价值关系、经济关系、传统文化和社会教育积淀在内的复杂过程。意识形态和价值观都是客观存在的，每个人都会形成一定的意识形态和价值观。价值观与意识形态密不可分，价值观是构成意识形态的核心要素之一，意识形态在社会观念层面表现为价值观、信仰等具体的观念形态。程孝良、李苑静（2013）认为："从本体论来看，价值观是意识形态的'硬核'，意识形态是价值观的'保护带'。"意识形态决定价值观，规定价值观的方向和性质，有什么样的意识形态就形成什么样的价值观。核心价值观是在社会占主导地位的价值观，由反映社会的主流意识形态决定。

理想是人们对未来事物的向往与追求，是对某事物臻于完善境界的观念，是真、善、美的集合体。"真"代表求实，真理是其最高目标；"善"代表求好，公平正义是其追求的目标；"美"代表求得和谐、协调，美好是其努力方向。信念是人们在对某种现实或观念抱有深刻信任的前提下进行的价值选择、价值追求以及表现出来的精神状态，是对事物发展规律的认识，是情感和意志的融合与统一。从本质上看，信念就是一种行为习惯。程孝良、李苑静（2013）提出："理想信念是价值观的内核，是价值目标和价值对象的最高层次，是影响价值判断和价值取向的终极决定因素，它以价值观为指导，同时又体现一定的价值观。理想信念的形成，标志着人们的价值观从感性层面上升到了理性层面，形成了一个完整、自觉的观念和形象系统，并且同知识和理智紧密地结合在一起，成为指导和推动实践活动的精神力量源泉。”在人类的精神世界里，理想信念、价值观与生命相伴相随。没有理想信念、没有价值观的人，很难称为完整意义上的人。

社会存在决定社会意识，价值观的形成离不开一定的社会经济环境和文化制度环境；理想信念、价值观等又用于指导人们改造社会的实践活动。当个体内化了一定社会形态下的价值观以后，便会形成人格系统并将其外化为价值行为，以价值认知、价值情感、价值意志等形式决定其在社会实践活动中处理价值关系时的价值判断、价值选择和价值行为，从而影响社会系统的构建。意识形态、理想信念与价值观的联系及价值观形成和发展过程参见价值观的形成、发展与作用机理链式分析模型（见图5－1）。

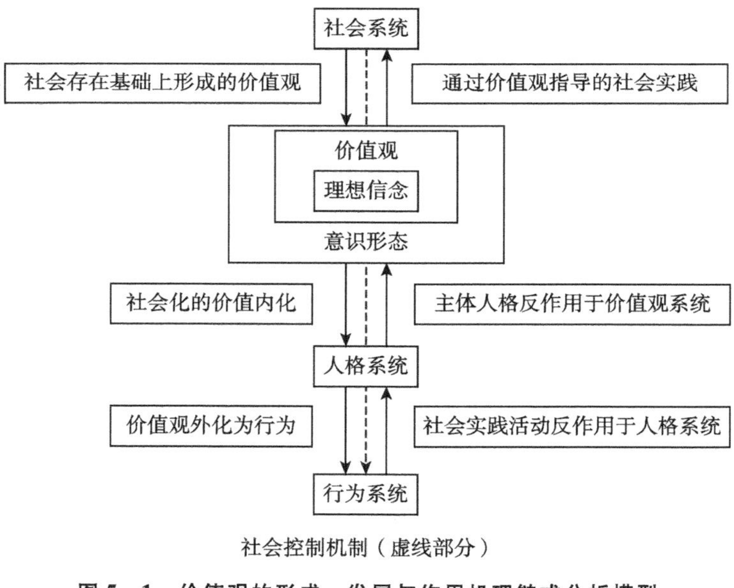

图5－1　价值观的形成、发展与作用机理链式分析模型

二　高校青年教师学术价值观的形成和发展过程

学术价值观是在一定的历史条件和文化背景下，不同人对学术价值关系的理解和把握。在学术活动中，学者们不断地追求和创造价值，处理学术价值关系，同时不断地认识、判断和评价价值与价值关系。在这个过程中，学者们逐渐形成了学术价值观。

高校青年教师学术价值观的形成与发展是在其内在的知、情、意、行等心理要素的指导下，自发—自觉—自为的辩证发展过程，“表现为从感性认识到理性认识、从朴素情感到深刻认知、从原始趋利到科学理解、从盲目幻想到合规律性与合目的性相结合的思想演进和认知跃升变迁”（程孝良、李苑静，2013）（见图5－2）。

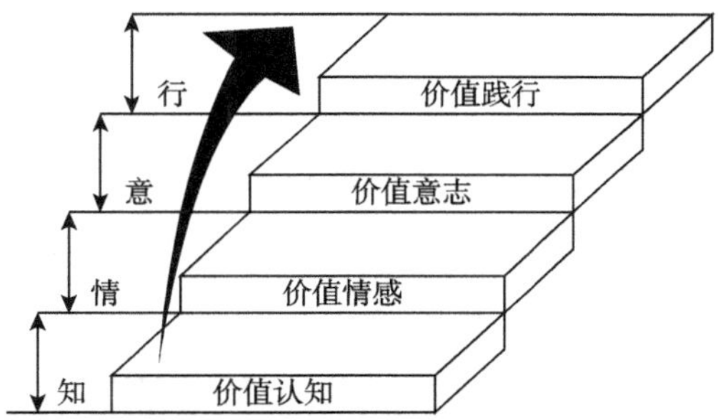

图5－2 知、情、意、行与学术价值观形成、发展、运行示意

（一）学术价值观从自发到自觉的阶段

自发指高校青年教师在未完全认识、掌握学术活动的本质和运行规律时的一种自然状态，也可以看成一种盲目状态。所谓价值自发，就是受本能支配，在非理性因素的影响下，对事物的价值认知停留在感性认识阶段，不去认识客观事物的价值本质，缺乏或尚未形成价值理想和价值信仰。在原始朴素的自发阶段，主体为客观必然过程所支配，往往不能预见其活动的结果。高校青年教师从对学术的感性认识出发，加之社会经济环境、文化制度环境、个人情感等因素的影响，其对学术活动的认识表象化、情绪化，容易受外界因素的影响，从而更多关注学术活动带来的利益。在学术价值观的自发阶段，主体未能实现学术的价值应然与价值实然、感性价值与理性价值之间的结合，在自发、自然状态下对学术价值进行选择。对高校青年教师而言，在学术价值观的自发阶段，必须懂得从价值哲学的视角，形成对学术活动的本质、学术活动的基本规律、学术价值关系等的总体把握，形成关于学术价值认知的理论框架。自发是自觉的萌芽阶段，为从学术价值观的自发到自觉的过渡奠定理论基础。认知是主体接近客观、符合客观、符合物的尺度的过程。价值认知是主体把价值当作一种认知客体。

（二）学术价值观从自觉到自为的阶段

自觉就是基于自我意识的主动作为，是人类有意识地认识世界的思想行为，是人类一切实践行为的本质规律。价值自觉，则是指主体克服价值自发阶段的潜在意识支配，价值思维从本能的感性跃升到科学的理性阶段，运用内化的社会价值观念，深入价值现象，全面客观准确地认识客观事物的价值本质，并将这些认识内化为价值观念、外化为价值行为。人类自觉本质的维护与发展是自由的真实实现。简言之，自觉就是主体对自我存在及社会价值关系的自觉意识。高校青年教师学术价值观的自觉是在自发的基础上，深入探讨和把握学术价值的本质，搞清楚学术价值观的构成要素及结构关系，为了科学认识和分析学术价值观的内涵，必须构建严谨的逻辑体系。

程孝良、李苑静（2013）认为："所谓价值的自为阶段，是指在价值认知与践行中，除了熟练地掌握价值的形成发展规律，明白知（价值认知）、情（价值情感）、意（价值意志）、行（价值践行）之间的内在逻辑，而且还要创造外在环境，能够利用理智战胜感情，达到'随心所欲不逾矩'、信手拈来的境界。"人作为自为的存在，会根据社会存在生成社会意识，而且社会意识对社会存在具有能动的反作用。正是在这个意义上，萨特说人的存在是一种"自为的存在"。作为自为的存在，人是可以自主自为的（proactivity），即不仅会根据社会存在决定自己的行为，而且会做出改造客观世界的行为。在价值自觉阶段，高校青年教师能够"随心所欲"地运用价值哲学理论与方法论体系，自觉地遵守学术价值规律；在价值自为阶段，高校青年教师不仅能够“随心所欲”地从事学术研究活动，还能够通过认识学术价值运行逻辑，总结学术价值观形成、发展过程，遵守学术价值规律，创新学术价值观，而“不逾矩”。

总之，高校青年教师学术价值观不是自发形成的，而是在正面的引领教育和大量的学术实践中逐步形成的。学术价值观的形成、发展要经历自发—自觉—自为三个阶段，这一过程也是青年教师知、情、意、行等心理诸要素共同参与的辩证运动过程。通过价值观的形成、发展与作用机理链式分析模型，从总体上把握学术价值观形成、发展的客观规律。

第二节　高校青年教师学术价值观形成和发展的影响因素

高校青年教师的学术价值观是在社会系统、文化系统和人格系统的共同作用下形成的，并且随社会系统、文化系统和人格系统的变化而变化。从社会系统、文化系统、人格系统等角度分析高校青年教师学术价值观的影响因素，构建社会—文化—人格—价值观系统结构模型（见图5-3）。

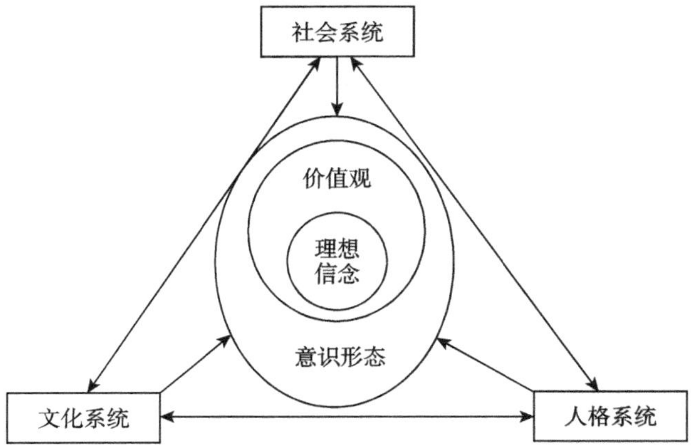

图5-3　社会—文化—人格—价值观系统结构模型

一　社会系统对高校青年教师学术价值观的影响

社会系统由社会政治、经济环境等要素构成。学术创新不仅需要宽松的社会环境，更需要宽松的内心环境。前人追求的是“独立之精神，自由之思想”，这既是对社会环境的追求，更是对内心环境的追求。

社会结构决定人们的意识。现在的高校青年教师成长于改革开放以后的市场经济环境下，在各种社会思潮交汇的背景下，他们很容易接触到资本主义发达国家成熟的市场经济基础上的价值思想。在个人主义、功利主义等非主流价值观的影响下，部分高校青年教师形成了自我主义学术价值观、功利主义学术价值观。高校青年教师们个性鲜明，强调个人权利，特立独行，但相对缺乏公共意识、社会责任、社会信仰，他们大多追求活在当下，对社会的未来缺乏担当和思考，往往从职业的视角去看待学术研究工作，在他们的意识里，学术研究跟经商、从政没什么两样。

从学术生存的土壤，即现代大学的发展来看，我国现代大学在发展中裹挟了功利与政治的因素，有时甚至背离了学术的规律和宗旨。张应强（2001）强调：“它时而卷入‘教育政治’旋涡，时而卷入功利性的经济追求中，时而以政治追求为价值取向，时而以经济利益为价值取向，缺乏对独立的学术运行逻辑和学术价值的追求。”这些情况直接影响并体现在高校青年教师学术思想和学术行为中。在当今的高校中，制度化、指标化学术评价方式盛行，工具理性“蔚然成风”。青年教师刚刚进入科研机构或高校，虽然其在攻读硕士、博士学位的3～6年中在导师的引导下已经迈进学术的大门，但除少数天赋异禀的人外大多数人还没有独立的科研能力，也没有自己明确而独立的研究方向，需要经历两三年的适应期和徘徊期，适应最快的也需要一年以上的时间，这是正常现象。但是，指标化学术管理要求他们马上出成果，这显然不符合学术研究的基本规律。这种急功近利的科层制管理，必然导致学术功利化。诚如牛顿所说，他站在巨人的肩膀上，所以他比别人看得更远些。厚积才能薄发，没有长期的积累，怎能取得真正的学术创新？如果学术管理、科研考核不考虑积累，只在乎生产，要求所有研究人员都要完成与其职称相匹配的科研工作量，结果只能是低水平重复，或者大规模粗制滥造出所谓论文。这样的成果只在科研管理部门的统计上有意义，对学术创新和发展没有任何作用。

二　文化系统对高校青年教师学术价值观的影响

学术活动的文化系统由学术制度、学术文化、学术环境等要素构成。在学术活动中，除了心智力量外，社会的规范、制度体系是最重要的力量了。说到底，社会的规范、制度体系实质上就是一个文化和文化结构的优化问题。历史学家汤因比在《历史研究》中说，不管何种制度，都要面对一个最根本的问题，即个人利益与社会正义的矛盾。人们的价值判断都蕴含着一个最基本的关系——个人利益与社会正义之间的矛盾关系。

在科研领域，科研管理制度的改革，不仅没有产生出更多精品，反倒出现越来越多的低水平重复。为了获得科研奖励，有的科研人员甚至不惜抄袭剽窃。虽然数量增多了，但质量参差不齐。更为要命的是，这种科研管理制度被管理者奉为经典，而被管理者在利益的驱使之下也不得不趋之若鹜。于是，在学术界就形成了一个非常难以想象的恶性循环：因为申请了更多课题，发表了更多论文，所以获得了更多的物质奖励；在更多物质奖励之下，又制造出更多的学术垃圾。科研管理部门为了自己的政绩也不断纵容科研产品的数量扩张，且乐此不疲。实际上，一个科研机构申请多少课题、发表多少论文跟科研管理部门究竟有多大关系？科研机构的学术能力和水平与科研人员的科研能力和水平才有直接的关系。如果其与科研管理部门真的有关系了，那就真正是靠管理产生的成果，这种成果毫无疑问就是学术泡沫。学术研究原本就应该是少数人的事业，而不是大众化的职业。学术成果的产生应该是经积累与深入思考后思想井喷的结果，而不是管理出来的结果。如果说有关系的话，那只能是科研管理部门应该给予科研人员更多的时间和空间自由、更大的研究自主权。只有思想井喷的学术成果才有可能成为学术经典。除此之外，都是为工作量、为考核、为外在的学术荣誉的应景之作。

因此，高校要有强烈的文化担当，立足于现实条件，强化主导、壮大主流，大力提升校园文化的整体水平，进一步凝练学术文化，发掘和保护学校多方面历史文化特别是非物质文化遗产。借助高度的文化自觉，让科学研究者切实提高学术能力，让教书育人者切实提高教学能力，让管理工作者切实提高治理能力。以学术精神为主要内容的大学精神，要靠一代代的学术研究人员去传承和创新，作为学术研究的主力军，青年教师是学术精神和学术文化传承的纽带。学术研究不仅要着眼于当下，更要引领社会、引领未来。作为社会的知识精英，高校青年教师既是社会良知、社会道德的代表，更要为建设良好的社会公德承担起自己的社会责任。

三　人格系统对高校青年教师学术价值观的影响

高校青年教师人格系统是一个由个体内在的意识形态、意志品质、社会认知等要素构成的动态系统。经济独立是人格独立的基础和前提；人格独立是学术独立的条件，独立的人格孕育独立的思想；独立的思想产出独立的学术成果，从而推动社会发展。在现代社会中，由于个人的自主性与社会的模式化的同步增加，人的独立性与依存性的矛盾越来越尖锐。在物质化的社会，坚持独立的人格、自由的精神是未来社会和学术发展得更好的基础。卢梭曾说：“为面包而写作，不久就会窒息我的天才，毁灭自己的才华。……任何刚劲、伟大的东西，都不会从一支唯利是图的笔下产生出来。需求和贪欲只能使人写快点，却不能使人写好点；企求成功的欲望会使人尽量少说些真实有用的话，多说些哗众取宠之词，使自己不可能成为原来有可能成为的伟大作家，而只能是一个东抹西涂的文字匠。我始终感觉到，作家的地位只有在它不是一个行业的时候才能保持，才是光彩的和可敬的。当一个人只为维持生计而运思的时候，他的思想就难以高尚。为了能够和敢于说出伟大的真理，就绝不能屈从于对成功的追求。”（转引自肖峰，1997）

在论述人类历史的时候，马克思说：“全部人类历史的第一个前提无疑是有生命的个人的存在。”（马克思、恩格斯，2012，第1卷：146）没有作为个体生命的人的存在，当然不会有人类的历史。但是，个体生命的存在，并不是人的独立性。“自然界起初是作为一种完全异己的、有无限威力的和不可制服的力量与人们对立的，人们同自然界的关系完全像动物同自然界的关系一样，人们就像牲畜一样慑服于自然界……”（马克思、恩格斯，2012，第1卷：161）在这个历史过程中，主体不是任何个人，而只能是由一定数量的个体构成的“群体”。个体之间只具有相互的“依存性”，而不具有个人的“独立性”。这是一种个体单纯地依赖群体的“人的依附性”。实质上，市场经济是一种“以物的依赖性为基础的人的独立性”。一方面，它反对禁欲主义、蒙昧主义和专制主义，倡导现实幸福、理性自由和天赋人权，要求和实现“人的独立性”；另一方面，它所要求和实现的“人的独立性”，又必须和只能“以物的依赖性为基础”。因此，这种“以物的依赖性为基础的人的独立性”并没有解决人的自我异化问题，只是把自然经济中的“人在神圣形象中的自我异化”，变成了市场经济中的“人在非神圣形象中的自我异化”。什么是人在非神圣形象中的自我异化？在“以物的依赖性为基础的人的独立性”的历史形态中，个人获得了自己的人身自由，但仍然无法摆脱对物的依赖性。从人身依附转变为人对物的依赖，人身关系体现为物的关系。于是，对“神”的崇拜变成对“物”的崇拜。人在非神圣形象中的自我异化过程中，深切地感受到一种双重化的矛盾：一方面，“神圣形象”消解，恰如尼采所说“上帝被杀死了”，人们既感受到没有了“窥视”自己、“惩罚”自己的“上帝”的解放了的愉悦，又感受到了一种没有“规范”自己、“约束”自己的“标准”的空虚；另一方面，在“非神圣形象”即“法”“政治”等“世俗”化的“规范”中，人们既感受到新的“束缚”和“压抑”，又感受到“非神圣形象”作为“标准”的“非神圣性”，因而也感受到一种无所归依的烦躁，即“没有标准的选择的生命中不能承受之轻的存在主义的焦虑”。

以功利主义的价值取向、工具理性的思维方式和民主法治的社会体制三位一体为标志的市场经济，把它的等价交换原则渗透到全部社会生活当中，并成为现代人的生存方式，由此便造成了人与自然之间关系的异化（向自然界无休止地攫取造成的全球气候与环境问题）、人与社会之间关系的异化（社会对人性的扭曲）、人与人之间关系的异化（利益关系导致的人际关系的冷漠与紧张）、人与自我之间关系的异化（人异化为金钱的奴隶而造成的自我的失落）。这种“物化”或“异化”，使人日益深切地感受到“精神家园”的失落。世界的符号化和自然的隐退所形成的“无根”的意识，价值尺度的多元化和不确定性所形成的“没有标准的选择”，终极关怀的感性化所形成的“信仰缺失”“意义失落”，造成现代人的人格异化。

马克思指出：“劳动所生产的对象，即劳动的产品，作为一种异己的存在物，作为不依赖于生产者的力量，同劳动相对立。劳动的产品就是固定在某个对象中、物化为对象的劳动，这就是劳动的对象化。劳动的实现就是劳动的对象化。在被国民经济学作为前提的那种状态下，劳动的这种实现表现为工人的失去现实性，对象化表现为对象的丧失和被对象奴役，占有表现为异化、外化。”（马克思、恩格斯，1979，第42卷：91）正是这种“异化劳动把自我活动、自由活动贬低为手段，也就把人的类生活变成维持人的肉体生存的手段”（马克思、恩格斯，1979，第42卷：97），人从人的类本质中异化，并与自我对立，其他人当然也与他对立。因此“人同他的类本质相异化这一命题，说的是一个人同他人相异化，以及他们中的每个人都同人的本质相异化”（马克思、恩格斯，1979，第42卷：98）。正是从人的这种异化状态出发，马克思将促进人类解放作为自己的价值理想，将人的自由全面发展作为社会的价值理想。马克思深刻揭示了隐藏在生产资料背后的资本以货币为起点和终点，进而实现价值增殖的运动逻辑。资本的这种运动逻辑，使得资本主义社会中人与人之间的社会关系异化为物与物的关系。“它使人和人之间除了赤裸裸的利害关系，除了冷酷无情的‘现金交易’，就再也没有任何别的联系了。”（马克思、恩格斯，2012，第1卷：403）对物的崇拜，导致了商品（货币）拜物教，进而形成了人的社会关系甚至生活意义的异化。在当代中国，强化主体的自我意识，实现主体的独立性与依存性的协调发展，最根本的途径就是建立健全社会主义市场经济体制。市场经济实现的是“以物的依赖性为基础的人的独立性”。在市场经济中，人以物的基础获得独立性，人的独立性又奠基于对物的依赖性。由此便造成了人的独立性与人的物化的双重效应。

现代学术研究进入一个“祛魅化”“去神圣化”的时代。从古代至20世纪末，由于现代学术体制尚未完全建立，社会对学术研究、知识生产还比较陌生，知识人被视为社会的良知和知识精英。所以，知识人是被社会尊重的人，成为作家、诗人是青少年的梦想，是他们“追星”的对象。技术进步使得学术的门槛降低了，以前由于学术期刊少，学术成果发表非常难，学术成果传播也不便捷，学术研究资料获取全靠查找资料卡，然后手工誊写，整理材料和收集文献非常难。

随着互联网技术的发展，一个没有受过系统专业训练的人也可以借助数据库资料和网络技术做“学术”、写论文。学术研究简单化导致学术研究不再神圣，出现了江湖科学家、民间科学家。韦伯（1998）曾说：“作为‘职业’的科学，不是派发神圣价值和神启的通灵者或先知送来的神赐之物，而是通过专业化学科的操作，服务于有关自我和事实间关系的知识思考。”现在看来，学者似乎与工人、农民和商人无异，只是一种大众化的职业。近年来，由于个别学者的负面形象的影响，社会上甚至出现了专家污名化的现象。

韦伯（1998）强调：“在学问的领域里，惟有那纯粹向具体工作献身的人，才有人格。不仅研究学问如此，就我们所知，伟大的艺术家，没有一个不是把全部心力放在工作上；工作就是他的一切。”韦伯进而强调，“在学术圈内，当一个人把他应该献身的志业，当作是一项表演事业，并以其经理人身份自居；当他出现在舞台上，竭力以个人体验来证明自己的价值；当他自问：我如何证明我不只是专家而已，我又如何在形式与内容上发前人未发之言论时”，这样的人一定不是一个有人格的人。韦伯认为：“惟有那发自内心对学问的献身，才能把学者提升到他所献身的志业的高贵与尊严。”

现在，部分高校青年教师实现个人理想、愿望的行为受到权力的制约，于是做出出格的学术行为。试问如果一个人连生存的权利都丧失了，何谈人格与道德？在经济社会转型时期，在社会系统方面，要为高校青年教师营造一个宽松、宽容的学术环境，给予其合理地维持体面生活的经济待遇和受人尊重的社会地位；在文化系统方面，要切实改进学术管理制度，避免行政力量对学术的干预，保障高校青年教师的学术独立和学术自由；在人格系统方面，要通过学术共同体形成老中青“传、帮、带”的良好机制，真正发挥高校青年教师群体在学术研究活动中的主力军作用，体现其对学术创新繁荣的巨大价值。

第六章

高校青年教师学术价值观的现状、问题与成因

当前高校青年教师的学术价值观总体上是积极的。但当前学术界也存在学术管理制度违背学术研究规律的现象，使得学术价值与管理价值时有冲突；学术的经济价值僭越学术的内在价值，导致学术评价指标化、非理性化，学术成果泡沫化；学术研究的个体利益遮蔽社会利益，造成公器私用，学术研究沦为谋取个人私利的工具，学者产生急功近利心态，利益驱动代替学术目标驱动，造成学术研究功利化等问题。这些问题背后的原因是什么？本章从高校青年教师学术价值观的现状入手，总结高校青年教师学术价值观的积极表现与存在的问题，并从社会、经济和文化系统等外源性视角和高校青年教师学术价值观的内生性视角深入探究学术价值观产生问题的原因。

第一节　高校青年教师学术价值观的积极表现

近年来，一大批优秀青年教师走上了教学和科研第一线，成为高等教育改革发展的重要力量。我国《高等教育法》第四十七条明确规定，“系统地掌握本学科的基础理论；具备相应职务的教育教学能力和科学研究能力”是获得高校教师职务的基本条件。按照美国著名社会心理学家G. H. 米德的符号互动理论，当代高校青年教师应该是知

识传授者、知识创造者、社会文化批判者三位一体的综合角色。从总体上看，他们大部分理想坚定、甘于寂寞，思想活跃、勇于创新，勤奋耕耘、敢于担当，展现了新时期青年教师良好的学术形象。

一　矢志不渝的学术理想

孔子曰："志于道，据于德，依于仁，游于艺。"（《论语·述而》）每个人都有实现人生意义的志向。任何学术研究都是为了探索一种理想实现的可能性，学术既追求一种理想，还要提供一种实现这种理想的可行性方案。没有矢志不渝、坚韧不拔的精神，就无法忍受寂寞、挫折和可能的失败。在学术实践活动中，大多数高校青年教师树立了"为理想矢志不渝，为事业坚韧不拔"的精神，矢志不渝的学术理想就是追根究底、咬定青山不放松的精神，这种精神正是学术研究过程中的力量来源。

2013 年 4 月 12 日，新华网重庆教育频道报道了重庆交通大学一批青年教师怀揣学术理想，不等、不靠、不要，不单打独斗，围绕新材料学科领域，组建团队，自筹资金建实验室，为实现学术理想积极开展科学研究和探索的事迹。王锋是中国工程物理研究院博士后，主要研究方向为超硬纳米材料制备与应用、先进材料设计。他于 2011 年进入重庆交通大学理学院。经过近一年的调研，他发现学校对先进材料的研究还主要集中在宏观层面，缺乏纳米、微米级别的微观研究，他有了"建一个先进材料实验室，专门开展对先进材料的研究"的想法。按照人才引进协议，他有一笔科研启动经费，但这肯定不够。于是，他把这个想法告诉了同样来自中国工程物理研究院的博士后廖棱，两人一拍即合，再加上西澳大利亚大学、英国格拉斯哥大学博士后胡春莲以及重庆大学博士夏川茴的加入，19 万元科研启动经费有了"最佳去处"。"我们希望以实验室为基础，聚集一批从事材料研究的教学科研人员，大力开展相关研究，促进学科交叉融合，提升学校具有交通特色的材料科学研究能力。”像王锋团队一样有着创新热情的高校青年教师还有很多。韩国仁荷大学博士后郭小峰，2012 年来到重庆交通大学理学院应用化学系。他将学校给予的 25 万元安家费和科研启动基金，全部用于建立“多功能材料合成与催化实验室”。

二　淡泊名利的价值追求

易卜生（1882）曾说：“世界上最有力量的人，是最孤独的人。”“只有最伟大的人，才能在孤独寂寞中完成他的使命。”只有耐得住寂寞，方可保持平常心，在变化莫测的社会生活中找到属于自己的坐标和实现自我价值的着力点，尽情施展自己的才华，成就不朽功业。古今中外，许多学者名流，沉潜书斋，甘于淡泊，耐得住清苦和寂寞，终有所成。

当前，我国大部分高校青年教师均较好地内化了淡泊名利的价值取向，他们以学术为志业，立志献身于学术，树立了“为学术而学术”的学术价值观，把学术看得跟自己生命一样宝贵。在他们的眼中，学术本身就是目的，而不是手段。他们视名利若浮云，视权势如敝屣，不把学术当作加官晋爵的敲门砖和捞取外快的摇钱树。他们只问耕耘，不问收获，常常看重学术研究过程而非结果。如北京毅新博创生物科技有限公司飞行时间临床质谱系统（Clin-ToF）研发团队的青年成员李坤、刘辉、韩梅等，为了研发 Clin-ToF 的核心部件之一——高速采集卡技术，甘于寂寞，不分昼夜地工作。经过八年的努力，攻克了技术难题，打破了国外企业对临床质谱行业的垄断。2014 年 6 月得到了国家食品药品监督管理总局的注册证书，其研发的产品可在市场上进行销售。正如习近平（2016）总书记在 2016 年哲学社会科学工作座谈会上对科学家的告诫那样：“耐得住寂寞，经得起诱惑，守得住底线，立志做大学问、做真学问。”在市场经济条件下，一个学者四五年时间不发表任何论文，没有淡泊名利、甘于寂寞的奉献精神是无法坚持做到的。

三　勇于创新的进取精神

作为学术一线的青年知识分子，高校青年教师是有热情、现代意识和公共关怀的主体，他们敢于求实、勇于创新，积极投身学术研究实践，既扎实打牢基础又及时更新知识，既刻苦钻研理论又积极掌握技能，不断提高与时代发展和事业要求相适应的素质和能力。他们努力研究、创建融合民族性与现代性的先进文化体系，成为创新的生力军。他们高扬科学、求实的思想之光，立足本职岗位创新创造、有所作为，将“为学术”与“为人生”“为社会”结合起来，深入基层，深入群众，增益其所不能。勇于到条件艰苦的基层、国家建设的一线、项目攻关的前沿增长才干，建功立业，到人民群众最需要的地方实现自身价值和人生追求。正如马克思所说：“在科学上没有平坦的大道，只有不畏劳苦沿着陡峭山路攀登的人，才有希望达到光辉的顶点。”（马克思、恩格斯，2016，第 43 卷：13）山东大学青年教师丁兆军扎根生长素调控植物生长发育及生长反应的研究，取得了系列创新性成果：阐明了生长素转运载体 PIN3 参与植物的向光性及向地性生长的分子机制；证实了生长素转运载体 PIN8 介导的细胞内的生长素极性运输；部分解析了生长素在拟南芥根尖干细胞维持和分化过程中的作用机制；发现了生长素在根尖转化区的局部合成在响应铝胁迫对根伸长抑制过程中发挥重要作用；初步证明了玉米不同根系差异性响应其周围不同的非生物逆境的分子机制，并撰写相关的评论性文章，文章收录于 Cell 出版社 2015 年的中国专刊 *The 2015 Spotlight on China*。又如山东大学青年学者吕广世勇于创新，在数论核心领域取得了一些具备国际前沿水平的研究成果。在自守形式领域，围绕自守表示理论中的 Ramanujan 猜想，无条件得到自守形式 Fourier 系数的高次均值，推广了菲尔兹奖得主 Selberg 和美国国家科学院院士 Shahidi 等的工作。在加性数论问题领域，建立了一个新的素变数三角和，从而无条件证明了几个以往广义黎曼假设下的结果。改进了英国皇家学会会员 Heath-Brown 关于 Linnik 几乎哥德巴赫问题的最新结果。

四　敢于担当的责任意识

中国教育传统注重社会责任，中国大学更是如此，始终心系国家命运与前途。中国的现代大学，诞生在“千年未有之大变局”的民族危难之际，因而传承了一种“国家兴亡，匹夫有责”的担当意识。当前高校大多数青年教师在教学科研工作中展现了精神的魅力，拥有为天地立心、为生民立命、为往圣继绝学的浩然之气。高校青年教师作为备受关注和期待的青年知识分子群体，不仅要承担教育与科研工作，更要肩负起构建人类精神文明世界和改变社会现状的责任。在这样的多重责任要求下，高校青年教师不仅要成为一个潜心学术的专家，更要成为一个具有高度社会责任感的文化批判者和推动者。高校青年教师是大学生们接触、了解和传承人类历史文化最为主要、直接的媒介，这样的特殊身份，也决定了当代青年教师必须拥有高度的社会责任感和使命感。如同济大学青年政治学者朱德米基于责任意识和创新思维，通过“公共政策制定与公民参与研究”“太湖流域水污染防治网络治理研究”“重大政策与大型工程社会稳定风险评估研究”等国家级课题研究，努力尝试在国际社会科学知识体系重构的过程中，争取中国学者的话语权，向世界同行讲述中国故事、展示中国特色社会主义现代化建设与实验的成功经验。与此同时，当代高校青年教师越来越专业化和职业化，这就导致他们作为社会责任者和道德批判者的身份被逐步掩盖，学术研究逐渐被简化为一种谋生的手段。习近平（2017a：267）总书记在 2016 年科技创新大会上指出：“科技是国之利器，国家赖之以强，企业赖之以赢，人民生活赖之以好。中国要强，中国人民生活要好，必须有强大科技。”因此，如何重建高校青年教师自我身份的认知，挽回被遗落的学术责任意识是当务之急。

第二节　高校青年教师学术价值观存在的主要问题

当前，高校青年教师的学术价值观总体上是积极的，但也存在部分青年教师重数量轻质量，治学不够严谨，机械化生产、快餐式消费，心浮气躁、急功近利，把学术当作追逐利益的摇钱树等现象，甚至极少数青年教师存在抄袭等学术失范问题。高校青年教师只讲学术自由，不讲学术责任，我行我素，在课堂上传播消极言论，有的调侃崇高、颠覆历史，是非不分、善恶不辨。徐松如、罗志敏（2013）等采用 Likert7 点问卷模式对上海 4 所高校 884 位科研人员的抽样调查发现，高校科研人员整体的学术价值观水平偏低（均值 3.73 <4），基本处于一种学术价值观的模糊或错位状态。在“创新”“理性”“独立”学术价值观方面，30～40 岁年龄段的科研人员的学术价值观状况均不理想。高校青年教师学术价值观存在的问题主要表现为以下几个方面。

一　功利化取向

功利是指功名利禄或建功立业所带来的物质上的利益。功利主义是一种以实际功效或利益为道德标准的伦理学说。功利思想早已有之。古希腊哲学家伊壁鸠鲁就提出人生的目的在于摆脱痛苦和寻求快乐，求乐避苦是人的本性，是人的最大利益。《庄子・天地》中提到“功利机巧，必忘夫人之心”，其中“功利”指的就是功名利禄。我国古代社会一直有义利之辨。儒家主张重义轻利。孔子曰：“君子喻于义，小人喻于利。”（《论语・里仁》）孟子主张“重义轻利”“舍生取义”。荀子主张“以义制利”。墨家主张义利并重，认为最大的利就是最高的义，作为一个人，既应该讲道德，也可以追求金钱，人们之间应该“兼相爱，交相利”。法家则主张重利轻义、弃义求利，即以法导利，不讲道德。道家则主张超越义利，要无为而无不为，顺其自然，超越义利之辨。18 世纪法国启蒙思想家爱尔维修主张用求乐避苦来反对封建束缚和禁欲主义。随着英国资本主义生产方式的确立与发展，从 18 世纪到 19 世纪初，功利主义学说从萌芽发展成为一种系统的有严格论证的伦理思想体系，主要代表人物有培根、霍布斯、蒙德维尔、斯密、边沁和密尔。

功利主义具有双重性：一是使人积极进取的积极作用，二是“人欲横流”的消极作用。适当的功利有利于激发人的兴趣和动力，克服消极、懒惰情绪。功利与价值有着内在的必然联系。马克思主义将功利特别是经济利益作为认识世界、改造世界的出发点和基础，提出：“历来为繁芜丛杂的意识形态所掩盖着的一个简单事实：人们首先必须吃、喝、住、穿，然后才能从事政治、科学、艺术、宗教等等；所以，直接的物质的生活资料的生产，从而一个民族或一个时代的一定的经济发展阶段，便构成基础，人们的国家设施、法的观点、艺术以至宗教观念，就是从这个基础上发展起来的，因而，也必须由这个基础来解释，而不是像过去那样做得相反。”（马克思、恩格斯，2012，第 3 卷：1002）基于这种观念，马克思和恩格斯反对离开“功利”或“利益”这个根本去谈“思想”，他们认为：“‘思想’一旦离开‘利益’，就一定会使自己出丑。”（马克思、恩格斯，1957，第 2 卷：103）毛主席常用“功利”来表达价值的含义。他指出：“我们是无产阶级的革命的功利主义者，我们是以占全人口百分之九十以上的最广大群众的目前利益和将来利益的统一为出发点的，所以我们是以最广和最远为目标的革命的功利主义者，而不是只看到局部和目前的狭隘的功利主义者。”（毛泽东，1991，第 3 卷：864）

当前部分高校青年教师的价值取向存在过分功利主义的趋向，其原因在于，在西方各种思潮和价值观的影响下，新自由主义推崇的消费主义滋生的拜金主义和享乐主义迎合了一部分人追求眼前、局部物质利益，对快速改善生活水平、一夜暴富的诉求和渴望，从而使一部分人陷入了对物质利益和感官享受的极端崇拜之中，产生了商品拜物教。一方面，崇尚工具理性的价值观念，实用化、功利化的西方社会价值观受到一部分人的推崇；另一方面，在市场化的语境和实践中，过去被认为行之有效的理想主义价值观失去了原有的说服力和影响力，在社会生活快速变革的时代背景下，无法在短期内给人提供各种社会生活和行为的价值与意义，从而导致价值信仰危机，使得高扬理想主义旗帜，崇尚价值理性的社会主义价值观、信仰体系和思想方式面临被日益消解的危险。部分高校青年教师在市场化的学术评价体系和商业标签中迷失了作为学者的自我尊严与价值目标，在学术价值观方面出现了功利化趋向，具体表现如下。

学术价值目标选择的功利化。价值目标是人们判断事物时所持的价值取向和价值追求。价值目标是价值观的核心，决定着价值观的性质和方向。价值目标是个体对事物是否符合自己价值需要的观念系统。在学术市场化背景下，高校青年教师在具体的学术活动中无法协调由社会与文化结构规定的价值目标，在确定学术目标时产生了各种偏差行为。如急功近利心态、利益驱动代替学术目标驱动，造成学术研究功利化等。在当代中国的学术研究活动中，高校青年教师的价值目标出现了以下趋势：在探究真理的学术理想向价值目标多样化和务实方向转变的同时，部分青年教师价值目标的选择出现了显著的物质利益化甚至功利化倾向。他们的价值目标由注重理想转向注重现实，由注重整体利益转向注重个人利益，由注重长远利益转向注重眼前利益，由注重“义”转向注重“利”，由注重奉献转向注重享受。

学术价值评价标准的功利化。价值评价标准是指人们在判断事物时所持的价值尺度和价值准则，是人们判断事物有无价值、价值大小、是真是伪的尺度和准绳。改革开放以来，我国学术研究事业出现了行政化管理倾向，走向了学术产业化发展之路，在行政管理量化考核的压力下，学术研究功利化、泡沫化、指标化。就高校青年教师个体而言，学术考核制度关涉其职称晋升、个人声誉及经济利益。这些量化指标多以学术论文、课题及经费为最终的依据，一旦论文得以发表、课题得以立项，高校青年教师往往就能获得学校的奖励，甚至意味着职称晋升，拥有更丰厚的收入和更高的学术地位，这就造成了事实上的“学术定终身”。事实上，只有那些高水平、高质量的学术成果才能真正地反映一个人的学术水平和能力，并且它只是个人综合能力的一部分，而一旦在学术研究中掺杂了非学术因素，学术不再是纯粹的学术，学术与地位、声誉、前途、利益挂钩，其意义也被拔高，学者不再心无旁骛，而是为利益而学术，破坏了学术研究的规律，学术研究的价值被扭曲，行为也被异化，最后形成“学术拜物教”。

学术价值实现手段的功利化。价值实现手段是人们为了实现所追求的目标而采取的途径和方法。在一定社会条件下的人们为自己确定了一个具体的价值目标，然而一部分人却未能正确地选择实现这一目标的制度手段，导致价值目标与手段之间产生失衡状态。改革开放以来，我国形成了经济市场化、生活物质化、文化价值多元化的社会格局。在新形势下，受西方个人主义、消费主义、享乐主义等非主流价值观及价值取向的影响，我国部分社会成员确定了以追求富足的物质文化生活为主的奋斗目标。

二　崇尚价值多元

随着我国改革开放逐步深入，经济体制深刻变革，社会关系深刻变动，利益结构深刻调整，思想观念深刻变化。市场经济的完善，社会的经济结构、物质利益、生活方式、就业形式的多样化，使人们的思想状况日益复杂多样。随着改革过程中出现的阶层分化和社会结构的变化，人们的利益需求产生分化。人们认知水平、社会角色与职业、教育背景等方面的差异，决定了在社会转型期，人们的社会心态和个人行为准则会出现变动，价值主体的差异导致价值观念的差异，造成人们价值取向的多元化。价值观的多元来源于价值主体意识的多元化与价值追求目标的多元化。在自然经济社会形态和计划经济体制下，价值观的主体意识就是整体意识，整体意识掩盖了个体意识的存在。以等价交换和平等互利为准则的市场经济要求个体从过去的隐身于集体中转变为具体实在的个人，从抽象的整体变为鲜活的个体，参与经济活动并承担责任。“价值观中的主体意识正在逐渐从抽象的群体意识向现实的个体意识转移，同时它又趋向于与‘真实的集体’相联系”（陈新汉，2002），形成了价值观主体意识的多元化。市场经济体制，鼓励人们追求自己的物质利益，通过诚实劳动富裕起来的价值观逐渐得到肯定。

当代高校青年教师崇尚价值多元，是受市场经济冲击和全球化影响。市场经济崇尚多元经济、多元利益，带来了多元文化、多元结构、多元体验。随着全球化步伐的加快，西方各种文化产品纷至沓来，在提供多样化文化体验的同时，也把其承载的意识形态、价值观念等带进国门。随着改革开放的不断深入，在人民群众的普遍利益得以实现并不断累积的同时，不同社会群体的收入差距和利益矛盾渐次凸显，由利益的逐渐分化而导致的多元利益结构，成为现阶段我国社会不容回避的现实。现代价值观念从总体上看是一种物质主义取向的价值观念，这对善于接受新鲜事物并且自制能力不强的青年教师产生了一些不良影响，使得他们中的某些人贪图享乐，不求进取，崇尚金钱、物质享受，一切向钱看，缺乏敬业、精业精神，为了个人利益而忽视学校、学生利益，忘记了自己是人类灵魂的工程师，有的更是对自己的这一职业丧失最起码的归属感。价值既具有多元性，又具有一元性，是多元性与一元性的统一。只讲价值多元性而否认一元性，或只承认价值一元性而否认多元性，都是失之偏颇的。

三　学术信仰缺失

信仰是人类特有的精神现象和精神状态，是人们关于最高价值的信念，是人们做出价值判断和行为选择的根本性的依据、标准和尺度。从本质意义上说，信仰即对万事万物存在唯一性真理的坚信不疑的认定。信仰是社会文化体系的核心，是观念和行为的中介，发挥凝聚力和向心力的功能。人们的价值观念通过价值信仰决定人的价值行为，有什么样的价值信仰就有什么样的价值行为和价值选择。人们的观念和行为通过信仰进行整合，如果没有信仰，人们的观念和行为将发生偏离。因此，高校青年教师建立怎样的学术信仰是社会转型期学术价值观培育的关键问题。

在市场经济结构下，物质资料生产与交换及分配结构的变化，使得部分人的信仰也发生了变化。这表现在两个方面：一是信仰对象的变化，即从对共产主义理想的信仰向对物质利益甚至金钱的信仰的转化；二是信仰对象范围的变化，即从所有人对共产主义理想的信仰走向信仰的分化，部分人既重视追求短期可见的利益又期望能实现更长远的价值理想，既坚持共产主义的理想又不忘为自己争取更多物质利益，这种看似矛盾的心理和状态表现为一种“无主状态”，这就导致了信仰危机。

习近平（2015：131）总书记说：“没有理想信念，或者理想信念不坚定，精神上就会‘缺钙’，就会得‘软骨病’，就可能导致政治上变质、经济上贪婪、道德上堕落、生活上腐化。”有了坚定的理想信念，处于顺境时就能够不骄傲不急躁，处于逆境时就能够不消沉不动摇，从而经受住各种风险和困难考验。理想信念动摇是最危险的动摇，理想信念滑坡是最危险的滑坡。

在社会转型期，“信仰危机”是一种正常的社会文化现象。随着市场经济体制的逐步完善，人们逐渐适应了市场化资源配置、利益分配、社会交往，由社会世俗层面的对物质、金钱和利益的追求代替了对共产主义的信仰，个人主义、功利主义甚至拜金主义取代了集体主义。金钱、物质成了衡量一切的价值尺度，人与人的关系被异化为物与物的关系，“它使人和人之间除了赤裸裸的利害关系，除了冷酷无情的‘现金交易’，就再也没有任何别的联系了”（马克思、恩格斯，2012，第1卷：403）。人类产生了信仰危机。在我国转型期，在物的关系时代，学术信仰缺失现象从根本上说是由多元价值观之间发生冲突导致的。商品（货币）拜物教已经成为一些人的意识形态，它不仅造成了人的社会关系的异化，而且造成了人的生活意义即价值观的异化。一部分高校青年教师把学术利益当成其学术活动唯一的价值追求，甚至不择手段，没有底线，把信仰、理想、道德都当成交易的筹码，久而久之，越来越多的人因放弃学术道德而获得了名利，这让本应坚持的学术信仰、理想，以及道德至上的原则失去了价值，于是便不再有学术理想和信仰以及道德。青年教师中，追求享受的越来越多，追求理想的越来越少；讲待遇的越来越多，讲理想的越来越少。于是，“怀疑”成为否定一切、解构一切的“粉碎机”，部分青年教师心灰意冷，随波逐流，变成钱理群先生所言的“精致的利己主义者”，世故老到，善于表演。部分高校青年教师学术价值观异化，导致学术活动、学者行为、学术管理偏离正常轨道，违背学术规律。

第三节　高校青年教师学术价值观产生问题的原因

当前，高校青年教师学术价值观存在的上述问题，是西方思潮的冲击、社会环境的影响、学术管理的异化和工作生活的压力等因素共同作用的结果。

一 西方思潮的冲击

在经济全球化与网络信息化背景下，传统文化价值与现代市场文明、东方价值与西方观念在交往融合中发生激烈交锋与碰撞，使得各种社会思潮沉渣泛起，并以各自的方式影响着高校青年教师的价值观，西方价值观的冲击淡化了高校青年教师的主流价值观。改革开放以来，我国社会形成了经济市场化、生活物质化、文化价值多元化的社会格局，在新时期新形势下，受西方新自由主义、个人主义、消费主义、享乐主义、历史虚无主义等非主流价值观及价值取向的影响，我国部分社会成员确立了以追求富足的物质文化生活为主的奋斗目标，在社会转型阶段，由于多种因素的影响，并不是每个社会成员都内化并选择了实现这一目标的制度手段，有的人在选择实现文化目标的制度手段时产生了偏差，导致奋斗目标与实现手段（路径）之间的张力结构。

当前，意识形态领域出现了马克思主义一元主导和多种社会思潮并存的复杂局面，西方社会思潮，如个人主义、拜金主义、享乐主义等不良价值观对高校青年教师产生了负面影响。与此同时，西方敌对势力打着“民主”“自由”“人权”“宗教”等旗号，攻击社会主义意识形态，意图污名化社会主义意识形态。一些机构用商品交换的外壳掩藏意识形态的渗透，将其价值观、人权观、自由观等渗入我国意识形态领域。这些思潮在我国迅速传播，少数高校青年教师由于是非辨别能力不强、学术理想信念不够坚定，产生了学术规范意识淡漠、学术职业倦怠等不良情绪与观念。比如功利主义伦理学认为，趋利避害、求乐避苦是人类的本性。人们追求名利，让自己有一个好的社会地位、好的生存条件、好的发展空间，这是人性之规律，也是人的主动性的源泉，还是社会发展之动力，功利主义的这些“积极作用”应该得到充分发挥。西方人追问的是“人为什么活着”，而中国人追问的是“人怎样活着”，显然，功利主义从长远看对社会的发展是一种阻碍。

二 社会环境的影响

高校青年教师学术价值观存在的问题与社会及其环境有莫大的关系，功利化的社会现实，使得人们为功利而忙碌，缺乏“追问终极”的精神，科学精神、人文精神、爱国主义被抛诸脑后。

经过 40 多年的市场化改革，我国社会经济结构发生了深刻变革，市场经济体制下的效率观念、竞争意识深入人心，人们在精神层面逐渐摆脱了制度化的生活，追求经济利益最大化。在市场经济中，利益分配按市场机制进行，然而市场时有失灵现象，造成遵守市场规则的行为无利可图，而违背市场规则的行为反而能收获超额利润，这种市场失灵现象进一步助长了学术失范行为，成为学术失范的“助推剂”。学术研究有其自身的运行规律，求真求实是学术运行的内在逻辑，然而市场化的效益、竞争机制使得人们异化了学术研究规律，转而追求短平快、急功近利，受利益驱动，学术渗透了经济因素，沦为利益的工具，成为个人求发展、追逐利益的手段。如果说部分高校青年教师学术失范只是部分害群之马的个体行为，尚不足惧，那么学术共同体和其他社会成员对学术失范的态度则应引起高度重视。20 世纪学术失范现象在学术界尚属罕见，学术失范行为被揭发或曝光，当事人会感到羞耻，同时舆论和世人的压力会让其无地自容。但到了现在，我们看到当学者的学术失范行为被曝光后，当事人不是首先主动反省自己的问题，而是抱怨自己倒霉、时运不济，甚至也并不觉得羞于启齿，更无悔改之意，更可怕的是其他社会成员对此很冷漠，一副事不关己的态度。

随着市场经济的建立与发展，高校青年教师的价值观出现了一系列的嬗变，现实主义价值观取代了理想主义价值观，权力与金钱成了许多人顶礼膜拜的对象。越来越多的人，首先考虑的是高收入，然后才是个人价值的实现。人们视能赚大钱、能飞黄腾达者为“能人”“成功人士”，而那些默默耕耘、诚实劳动的学者以及身怀绝技、身手不凡的学者则淡出人们的视线，甚至为人所不屑。在访谈中有高校青年教师表示：“如果我的个人收入较少，别人会认为是我的能力差，不会因为我的岗位对社会的贡献较大而对我高看一眼，既然社会是这样的一个评价标准，我为什么不努力争取更高的个人收入呢?”不难看出，待遇低、地位低，缺乏劳动获得感及荣誉感、个人尊严感、社会认同感，是高校青年教师学术价值观错位的主要原因。在学术界，一些教师的学术价值选择看似个体行为，然而，在学术交往活动中，这些行为会由其他学术成员学习、模仿并相互传导，由“朋辈效应”潜移默化地影响到整个学术共同体的大多数成员。

三 学术管理的异化

学术管理异化表现为学术价值与管理价值的矛盾，从而出现学术行政化、功利化和指标化。首先，学术管理行政化。简单地按照科层制管理的思维模式来进行学术管理，使得效率、竞争等市场经济原则渗入学术活动，导致学术活动违背学术运行的内在规律，在大学内部行政权力干预学术权力的运行，进而强化了行政力量在学术管理中的作用，弱化了大学作为学术机构的学术特质，学术逐渐异化使得大学成为单纯承担经济发展责任的经济机构。学术管理应该尊重不同群体的价值观和信念，以柔性管理为主。而在现实的学术管理中蕴含着太多的行政命令和要求，明显地与学术管理的文化特征格格不入。其次，学术管理功利化。没有形成自由、平等和宽容的整体氛围。从大学的整体氛围来看，大学应该具有一种博大的自由和宽容精神，这是形成大学学术管理良好氛围的基础和前提。在学术发展史上，新理论、新观点有一个被认知、认同、接纳的过程，许多创新性学术研究成果一开始并不被学术共同体认同并接纳。学术研究与评价具有局限性，而且学术研究本身也是一个否定之否定的螺旋式发展的过程，需要不断完善和发展。学术成果只有经历千锤百炼，经受时间的考验，方能不断接近真理。以效率、竞争为原则的市场化学术管理，带来学术研究的急功近利、极端功利化等弊端，这与学术内在的运行规律是格格不入的。为此，应尊重学术发展的规律，营造宽松的学术氛围和学术环境，进而形成良好的学术管理制度和学术管理运行机制。最后，学术管理指标化。学术管理制度包括学术评价制度、教师职称评审制度、学位评定制度等。在学术市场化背景下，一般对学术实行指标量化管理，体现为数字化管理。当然，竞争性学术和指标量化的评价方式，在学术发展史上也曾发挥过一定的积极作用，然而在实际执行中过于重视量化评价而轻视乃至忽视质性评价，易导致学术泡沫化现象，指标量化管理成为学术泡沫的"催化剂"。指标量化管理的本意是调动学者的积极性，激励其产出更多更高水平的成果，奖勤罚懒，然而由于行政化的推动和执行，指标层层分解，僵化运用，与学者和学术本身的运行规律相悖，最终使得复杂的智力劳动简单化为数字化、机械化的工业生产，不但违背了学术的内在发展规律，也抹杀了学者的个性和创造性。指标量化考核的压力，引发了学术界的畸形和恶性竞争，导致了学术界的种种失范行为，严重影响了学术的正常运行。

四　工作生活的压力

在工作方面，高校教师在职称晋升和岗位聘任时，面临越来越严格的对学术研究水平的考核。肖雨枫（2012）在《中国社会科学报》撰文，其对全国11所高校40周岁以下青年教师的抽样调查显示，认为科研压力较大的教师比例高达70.21%，青年教师搞科研出于"评职称需要"的人数（占38.30%）多于"事业心"驱动的人数（占

34.04%），而选择“不喜欢，但没办法”的多达19.15%。在个人发展方面，面临着学历高消费，即必须持续深造的压力。在经济方面，面临最直接、最实在、最迫切的提高收入的压力。青年教师刚迈入职场，大多数职级低，处于高校工资结构体系的底层，收入低，科研工作起点低，无项目，无经费，基本是一穷二白，但他们正好又处于谈婚论嫁的年纪，需要承担赡养父母、买房、结婚成家的经济压力。工作与生活的双重压力，使得青年教师对自我职业的社会地位认同度较低。应该说，我国高校青年教师是饱读诗书的学术精英，他们经历了系统而专业的教育和学术训练，正处于运用专业技术与知识传道授业、报效国家的关键时期。然而，来自各方面的压力使得他们未富将老、未老先衰，以致牢骚满腹，仅凭本职工作常常难以糊口。经济压力大，加之社会浮躁风气的影响，导致高校青年教师心态失衡，很难做到“一心一意”搞学术。这种经济不独立源于社会财富分配的失衡。经济不独立的高校青年教师群体，不可能造就出具有独立人格和学术思想的学者。

总之，学术总是为利益服务的，利益是学术发展的推动力，学术应关注的是人类共同的利益，而不是研究者个体的私利。少数高校青年教师错误的学术价值观导致学术研究与利益的关系发生了错位，个体利益遮蔽了社会利益，学术沦为个人谋取私利的工具。极少数高校青年教师为了谋取个人私利将个人利益凌驾于群体利益和社会公共利益之上，甚至通过牺牲群体利益和公共利益来满足个人利益。

第七章
高校青年教师学术价值观培育对策

学术是人为的，更是为人的。高校青年教师学术价值观对其学术思想和行为起方向指导、规范引导作用，表现为相对稳定的价值意识、价值观念、价值判断、价值选择和价值取向。学术价值观应该体现“何为学术人，学术人该何为”的重大命题，是高校青年教师对学术本质的价值判断、价值选择和价值取向。高校青年教师学术价值观培育应坚持以社会主义核心价值观为引领，从以下几个方面着手。一是强化组织领导，形成培育合力。二是厘定培育内容，强化培育效果。三是更新培育理念，创新培育方法。四是促进价值认同，完善培育路径。通过“学术价值观‘化’青年教师—青年教师‘化’学术价值观—学术价值观固化”的路径，把学术价值观转化为高校青年教师自觉的学术价值追求与行为。五是关注利益诉求，优化学术环境。建立合理的学术利益分配机制和学术管理制度，理顺学术行为主客体及相关者之间的价值关系。

第一节　以社会主义核心价值观为引领

高校青年教师正处于从学术价值观形成到践行的关键时期，具有较大的可塑性，如果没有了社会主义核心价值观的引领，当面对纷繁复杂的社会思潮时，他们往往会是非不分，极易陷入危险的境地。习近平（2017a：379）总书记在2016年全国高校思想政治工作会议上强调："教师是人类灵魂的工程师，承担着神圣使命。传道者自己首先要明道、信道。高校教师要坚持教育者先受教育，努力成为先进思想文化的传播者、党执政的坚定支持者，更好担起学生健康成长指导者和引路人的责任。"当前，要以社会主义核心价值观来引领当代高校青年教师的学术价值观培育，使高校青年教师成为学术价值观的坚定信仰者、积极传播者和模范践行者。首先要准确把握学术价值观与社会主义核心价值观的内在关系。它们都以尊重人、理解人、关心人、激励人为出发点和落脚点，都把培养人的集体意识，规范人的行为准则，提高人的积极性、主动性和创造性作为自己的主要任务。学术发展与国家建设、学术管理与营造公正平等的市场环境、学术诚信与社会诚信体系建设都有着本质联系。学术价值观、学术使命、学术宗旨、学术理念等，既要符合市场经济的本质要求和学术发展规律，又要体现社会主义意识形态、社会主义共同理想、以爱国主义为核心的民族精神、以改革创新为核心的时代精神和中华文化的传统精神。学术研究活动离不开学者的价值取向，只有遵循社会主义核心价值观，使其成为学术界的普遍价值准则，成为学者的价值实践，才能达到学术健康持续发展的目标。

社会主义核心价值观作为当代中国主流价值观念，引领学术价值观培育的方向，学术价值观是社会主义核心价值观在学术研究领域的体现。社会主义核心价值观包含三个层面的内容，即富强、民主、文明、和谐（国家层面的价值目标），自由、平等、公正、法治（社会层面的价值取向），爱国、敬业、诚信、友善（公民个人层面的价值准则）。与此对应，学术价值观也包含三个层面的内容，即学术研究活动既要符合学术人个体层面的"德"（即学术理想、需要），符合学术共同体群体层面的"善"（即学术理性、规范），更要符合社会层面的"理"（即真理、规律）。高校青年教师需认同并内化社会主义核心价值观，将其应用于学术研究活动，形成学术价值理想、价值目标、价值标准，进而构建既符合普遍的学术规律又具有个性特点的学术价值观。当前，用社会主义核心价值观引领高校青年教师多样化的思想观念和人生追求，使广大青年学者自觉将其作为理想信念来追求，作为道德情操来修养，作为行为准则来恪守。

在纷繁复杂的社会思潮面前，高校必须确立马克思主义在青年教师学术价值观培育中的指导地位。高校青年教师要将个人的学术理想同中国特色社会主义共同理想结合在一起，将自身的学术发展同整个国家和民族的命运结合起来，以学术为志业，在实现学术理想的征途中体现自己的个人价值。把民族精神和时代精神作为高校青年教师学术价值观培育的精神推动力，将学术理想、学术认知、学术情感、学术意识与学术实践行为结合起来，培养高校青年教师坚定的民族自尊心、自信心和自豪感。把社会主义荣辱观作为高校青年教师最基本的学术价值判断标准和行为准则，培养高校青年教师良好的学术道德品质和学术行为规范。

系统总结马克思主义中国化的理论成果，为学术价值观培育提供理论指导。当前，我国正处在经济社会转型期，需要唱响以改革创新为核心的时代精神，并将其内化为学术研究人员的价值目标，作为学术创新发展的精神推动力。社会主义荣辱观是公民思想行为选择标准的价值规范力量，当前，学术价值观培育需要将社会主义荣辱观内化为学术价值认同的行为规范力。坚持社会主义核心价值体系价值认同的理论导向力、目标指引力、精神推动力和行为规范力的共同作用，是社会主义核心价值观引领高校青年教师学术价值观的动力之源。

第二节　强化组织领导，形成培育合力

价值问题，从本质上说是一个关于主体的问题。学术价值观建设效果如何，关键取决于学术价值观培育的主体参与力量。为此，需要

党和国家各级领导干部，以及学术共同体尤其是高校青年教师的共同努力，形成以国家行政为主导、以学术共同体为纽带、以高校青年教师为主体的学术价值观培育团队。国家作为主导力量直接为学术研究提供和输送学术价值观的经济、政治和文化意识形态资源，并为学术价值观的构建提供合理的社会结构和有力的制度保障。学术共同体是构建学术价值观最具广泛性和普遍性的纽带和桥梁，通过各种社会组织和学术团体来发挥作用。高校青年教师则通过具体的学术研究实践活动完成学术价值观的构建与传承。

一　国家是学术价值观培育的主导力量

培育和弘扬社会主义核心价值观，关系社会和谐稳定和国家长治久安。霍布斯（2004）曾指出，人们不是生而为公民，而是被造就为公民。国家是社会创立的保护共同利益的机关，同时又是统治阶级维持统治的工具。国家是为应对内部和外部对于共同利益的侵犯而产生的。外部的侵犯指外来的侵略；内部的侵犯指一些人侵害共同利益的行为。在个人利益、家庭利益和阶级利益之上，还有共同利益，这个共同利益存在于现实之中，国家正是为了调解个人利益与共同利益的矛盾而产生的。20 世纪 80 年代以来，美、英、澳等西方发达国家由政府统一规划、国家财政支持，以“国家工程”等形式，有目的、有计划、有组织、有策略地在基础教育领域通过自上而下地开展价值观教育，培养年轻一代对国家和民族的价值认同。比如美国将国家价值观列入国家核心利益的范畴，通过掌握信息控制权来推进国家价值观建设，并明确了“在国际信息传播中保持领先地位，确保美国价值观继续积极地影响其他国家的文化”的建设目标。新加坡则从构建核心价值观的体制机制入手，达到增进国民对新加坡的认同感和归属感的目标。

改革开放后，国内外各种思潮、各种观点纷至沓来，各种社会论调争相涌现。在这样复杂的环境中，高校青年教师必须保持无产阶级理论上的清醒，增强思想定力、战略定力、道德定力，经得起大风大浪考验。在世事洪流中，社会主义核心价值观有如大树的“根基”，任凭风吹雨打都牢牢地固定着社会主义国家这棵“大树”，保持“树干”直立，保证中国特色社会主义的发展方向。在社会主义核心价值观建设中，党中央高屋建瓴，为全党竖起了打造过硬工作作风的重要标杆。把提高领导干部的道德修养作为推进作风建设的突破口，保持党的纯洁性。社会主义核心价值观为学术价值观的建设提供了基本遵循，在学术价值观建设中要发挥国家行政力量的作用，以各级政府公信力建设为核心，发挥领导干部模范带头作用，以“四风”建设为抓手，对照“三严三实”的要求，强化领导干部队伍建设，以良好的党风政风彻底扭转社会风气，为学术活动提供良好的社会生态。

二　学术共同体是学术价值观培育的重要力量

1942 年，英国科学家、哲学家坡兰依（M. Polanyi）首次提出“科学共同体”（scientific community）这一概念，它是指“具有共同信念、共同价值、共同规范的社会群体”。美国科学哲学家托马斯·库恩（1981）在 1962 年进一步提出：“科学共同体是由一些学有专长的实际工作者所组成的。他们由所受教育和训练中的共同因素结合在一起，他们自认为也被人认为专门探索一些共同的目标，也包括培养自己的接班人。”从科学共同体的概念出发，我们认为，学术共同体是指由具有共同信念、价值取向、学术规范的学术成员构成的社会群体。

学术共同体是学术创新发展和繁荣的主体。“只有在共同体中，个人才能获得全面发展其才能的手段，也就是说，只有在共同体中才可能有个人自由。”（马克思、恩格斯，2012，第 1 卷：199）约翰·齐曼（1988）指出：“有效的科学共同体是学术科学的基本的特征。知识社会学家常常把这个共同体当作只不过是一种文化的背景，在其中，流行的科学见解得到统一和积累，不言而喻的技巧和智力传统在世世代代的学者中间流传下去。”“无形学院在科学文献中有它的对应物，这就是科学论文作者互相引证网络中有紧密联系的结节的集簇。虽然这些集簇很少有明显的区分并且常常以复杂的方式交叠，然而它们是非常真实的集合，这些集合关系通常反映着他们的成员之间的社会互动。”小摩里斯·N. 李克特（1989）认为，学术共同体的交流活动有两个层面：一是学术共同体内部各成员之间的学术交流；二是学术共同体与外界的学术交流。学术共同体的成员，必须坚持内部运行规范和外部社会规范的统一。

学术共同体建设还要处理好学术的代际关系。学术传承依靠一代又一代学人的薪火相传，而不可能通过具体的某一代人来完成。通过学术共同体内的“传、帮、带”形成良好的人才梯队，构建金字塔型的人才队伍，是理想的学术共同体模型。塔尖由学科内顶尖的科学家比如院士组成，他们也是学科（平台）建设的第一责任人；中间由若干个研究团队构成，每个研究团队由一名一流的中青年科学家做学术带头人压阵，以若干名具有副高级以上职称和博士学位的青年教师为骨干组成，每个团队围绕一个研究方向持续深入地开展研究工作；塔基由若干具有博士学位的青年教师组成，他们根据自己的研究兴趣和特长，分别加入一个固定的研究团队。如此则可在老中青三代学术队伍中形成如梅贻琦所描述的，“大鱼前导，小鱼尾随……从游既久，其濡染观摩之效，自不求而至，不为而成”。学术传承与创新不是一代人的事情，而是随着时代的变迁、形势的变化、主观世界改造水平的不断提升，实现自己这一代人的学术创新。但是，这一代人不可能去承担上一代人的学术创新，这一代人也不可能承担下一代人的学术创新。然而，现实的学术圈似乎并非如此，而是存在一代人长期垄断学术阵地的情形，各种学术平台、媒体等也都追捧那一代人中的所谓大牛、大咖。

构建学术价值观，需要发挥学术共同体组织的作用，努力促成一种增进学者代际和谐的学术关系，正如洪堡（1987）所言："在高等学术机构中，教师与学生的关系与在中学迥然不同，教师不是为学生而存在，两者都为学术而共处。"欧阳教、黄政杰（1983）也提出："合作不仅能取一人之长补他人之短，而且在合作中，一个人的成功会鼓舞他人，并激发出一种普遍的、潜伏的力量，它平时在个人身上仅仅是零星地表现出来。"在学术共同体内部各成员间，实现学术共同体、责任共同体、利益共同体和命运共同体的统一。

三 青年教师是学术价值观培育的主体力量

作为我国当代青年群体的重要组成部分，高校青年教师是学术价值观培育的关键。他们既是学术价值观的培育对象，也是学术价值观的主要实践者。高校青年教师要发挥学术价值观培育的主体作用，形成最广泛的价值认同和价值共识。一要保障学术活动的自由。马克思指出："历史不过是追求着自己目的的人的活动而已。"（马克思、恩格斯，2009，第1卷：295）高校青年教师是学术研究活动发展的推动者和主力军，理应享有一定地位和权利。学术价值观要想获得高校青年教师这一主体的认同，就必须保障其学术活动的自由。二要保护学术活动的利益。学术活动是人的社会实践活动，离开人，就无所谓学术。高校青年教师是当前学术活动的主要承担者，学术活动只有调动高校青年教师从事学术研究的积极性、主动性和创造性，才能真正实现学术繁荣，从而推动人类社会的进步。因此，培育高校青年教师学术价值观，首先要妥善协调并规范当前学术活动中的价值关系，在妥善协调不同主体间利益关系的过程中保障学术活动最基本的利益。三要发挥高校青年教师的能动性。在构建学术价值观认同机制的过程中，只有使高校青年教师主动参与到学术价值观的认同中来，才能够汇集青年学者的智慧，调动他们的积极性，从而使其自觉地接受并内化学术价值观。学术价值观是高校青年教师从事学术研究的精神支点，有了这样的精神支点，他们就能够在喧嚣、浮躁的现代社会大环境中静心面壁，潜心于学术和学问，而不事张扬。在学术活动中，学术价值观是根植于高校青年教师内心的对学术的理想，如树之根基，让高校青年教师在世事洪流中站稳脚跟，在复杂的环境下保持定力，坚定自己内心的方向；是高校青年教师学术创新的驱动力，使其在挫折、失败和曲折中坚持一路前行。

第三节　厘定培育内容，强化培育效果

学术价值观的时代内涵是学术价值观培育的着力点。当前，我国进入深化改革的关键时期，在科技领域掀起了波澜壮阔的改革浪潮。高校青年教师学术价值观的时代内涵应该是：以国强民富为目标的学术理想，以爱国主义为核心的民族精神，以改革创新为核心的时代精神，淡泊名利、甘于寂寞的奉献精神。

一　以国强民富为目标的学术理想

新中国成立初期，在一穷二白、人们尚不能填饱肚子的时代，是什么信念让我国的一些科学家在那么艰苦的条件下仍能够坚持研制出“两弹一星”？那时我国面临着复杂的安全环境，美国、苏联都曾威胁过中国的安全。在抗美援朝期间我国与美国的较量中，我们看到了两国间武器上的巨大差距，虽然我们取得了这场战争的胜利，但损失也很大。1964 年中国第一颗原子弹爆炸成功，1967 年中国第一颗氢弹爆炸成功，1970 年“东方红一号”卫星发射升空。中国在短短十几年内取得了令世人瞩目的成就，而且是在国家非常贫困的情况下。戈壁大漠的环境异常艰苦，但科研人员不怕艰苦、不畏艰难，奋斗在科研一线，为国家研制出了镇国重器。中国在那么艰苦的情况下研制出“两弹一星”，源于科研人员的责任感与使命感。中国近代以来百余年

的屈辱史，更化作了科研人员奋发前进的动力。冯骥才（2003）先生在《100 个人的 10 年》中写道，一位搞原子弹的科学家回忆：“第一颗原子弹成功了！给我们用自己双手干出来了！如果你在现场，身在其中参加这工作，你也会体会它的来之不易，体味我们当时那种作为中国人强烈的自豪感。自豪不是虚张声势，自豪是自己干出来的。这朵在大西北升起的蘑菇云，是千千万万人赤胆忠心、成年累月、实实在在工作的结果。大家想的都是国家强盛，没人想到赚钱发财，或为了升级、职称、住房，打破了头。我是亲身参加者，我接触到无数无名英雄，无论高技术工人、科研人员、组织者们，还是那些从事找矿、开采、浓缩、提炼、加工、制造的人，都把青春年岁贡献给了这事业。还有防化兵们，他们必须在爆炸后冲进现场取回样品，供给我们研究爆炸效果。他们的防护服里装着多少斤汗水呀。”

生态环境部部长、两次牵头获得国家科技进步一等奖的黄润秋，在成都理工大学工作期间做过一次野外地质调查，经历过摔下马背差点跌入百米深峡谷的危险，在汶川大地震、芦山大地震等的抗震救灾现场，无数次与山上落石“擦肩而过”，他却从未停下科研考察的步伐。在被问及为什么这么拼时，他说：“只要能换来人类的幸福，换来地质资源的安全利用，即使有危险、有牺牲，这份工作也更有意义、更有价值，也更加光荣。”（刘华，2015）在谈到自己的成长体会时，他说，要坚持正确的人生观和价值观，把自己的理想和追求与国家的需要、学校的发展紧密结合起来，在不断地追求中实现自己的人生价值。

有人把青年一代称为“橡皮人”，意指他们像橡皮一样，无痛、无趣、无梦。当前，在我国流行着一些亚文化、亚价值观，一些人宣称干什么都是为了挣钱，职业生涯并不是为实现人生价值。职业内容是次要的，职业收入是主要的。有很多人觉得，不以职业收入为第一位的人就是傻瓜，是假高尚。读博也好，去公司也好，考公务员也罢，都只是一种职业选择。部分人对什么都没热情，如果不以钱为标准，就不知道还能凭什么其他标准去进行职业选择了。这可能是由于从小到大他们都是被逼着做事，长期没有被关心过“喜欢什么”，也没有培养出个人的兴趣爱好特长，只是变成了一个完成世俗任务的“机器”。久而久之，他们自己也丧失了认识自己兴趣爱好的能力，人生除了多挣点钱换取物质享受外，似乎没有别的意义。一个高学历的人，如果对人生除了多挣点钱、吃好的、穿好的、住好的、用好的（包括给小孩也吃好穿好住好用好）之外没别的期望，那他就往往会沦为一架没精神追求的“机器”。

习近平（2017b：3）总书记曾指出：“历史和现实都告诉我们，青年一代有理想、有担当，国家就有前途，民族就有希望。”在2016年5月30日召开的全国科技创新大会上，习近平总书记再次强调科技创新“要服务于经济社会发展和广大人民群众”。“轻身许国”，正是青年学者应有之学术理想。要让他们意识到，学术不仅仅是一种谋生手段，而且是一种事业追求、一种工作荣耀、一种生命守望，进而恪尽职守、精益求精、锐意创新、追求极致，产出一流学术成果。在新的历史时期，实现中华民族伟大复兴的中国梦，需要青年学者牢固树立以国强民富为目标的学术理想，弘扬前辈的学术精神，任何时候都保持艰苦奋斗的干劲，为实现中国梦贡献自己的力量！

二　以爱国主义为核心的民族精神

青年一代如果没有强烈的爱国情感，在工作和生活中就会失去正确的理想信念、价值追求，就会缺失对国家和民族发展的责任感，也就难以树立正确的学术信仰。在我国近代史上，不少学术精英和以中国科学社与延安自然科学院等为代表的学术社团（学术共同体）为了改变我国半殖民地半封建社会的悲惨命运，救亡图存，提出了“学术救国”的梦想，这体现了我国学者的学术担当和社会责任感，他们的学术行为充分诠释了以爱国主义为核心的民族精神。

弘扬科学精神，探索学术救国。中国科学社是1914年由留美学生任鸿隽、胡达、赵元任、周仁、秉志、章元善、金邦正、杨铨等发起组织的综合性学术团体，其最初目的是“刊行科学杂志以灌输科学智识”。1915年由股份公司形式改组为学会性质后，以“联络同志、研究学术，以共图中国科学之发达”为宗旨，以“提倡科学，鼓吹实业，审定名词，传播知识”为活动指南，社员之间以研习“学问”为合作基础。因此，中国科学社既不是传统“会”“党”“社”组织，亦非戊戌变法时期政治色彩浓厚之社团，而是纯粹学术性的近代学会。其社务主要集中于科学研究及科学体制化建设上。1915年通过的新社章明确规定了中国科学社的业务范围：一是“发刊杂志，以传播科学提倡研究”；二是“著译科学书籍”；三是“编订科学名词，以期划一而便学者”；四是“设立图书馆以供参考”；五是“设立各科研究所，施行科学上之实验，以求学术、实业与公益事业之进步”；六是“设立博物馆，搜集学术上、工业上、历史上以及自然界动植矿物诸标本，陈列之以供研究”；七是“举行科学讲演以普及科学智识”；八是“组织科学旅行研究团，为实地之科学调查与研究”；九是“受公私机关之委托，研究及解决关于科学上一切问题”。（任鸿隽，2002b）创办《科学》杂志的目的是提倡科学与传播新知。其《发刊词》中指出“世界强国，其民权国力之发展，必与其学术思想之进步为平行线”，由此发出了对“科学”与“民主”的呼唤。继而，从科学之有造于物质、有造于人生、有造于智识，以及有助于提高人的道德水准四方面论述了其社会功能。最后，更直抒要“激扬求是之心，引发致用之理”，表达了传播科学、求真至善的“科学救国”理想。中国科学社以“格物致知、利用厚生”为目标，以“联络同志、研究学术”为途径，增进人们对科学的认识，提高学者对学术研究的兴趣。此外，中国科学社还通过举办学术年会促进学术交流与合作。任鸿隽（2002b）曾言：“我忧深思远之学子，欲图中国科学之发达，既有中国科学社之组织矣。”据统计，从1916年到1948年中国科学社共举办学术年会26次。其社员由1914年的35人，发展到1950年的3793人，中国科学社社员历年人数及增长情况见表7－1、图7－1。

表7－1　中国科学社社员历年人数

单位：人

年份	社员人数	年份	社员人数	年份	社员人数
1914	35	1926	800	1938	1709
1915	77	1927	850	1939	1714
1916	180	1928	925	1940	1748
1917	279	1929	981	1941	1783
1918	363	1930	1005	1942～1943	2128
1919	435	1931	1094	1944	2354
1920	503	1932	1153	1945	2389
1921	520	1933	1413	1946	3502
1922	522	1934	1500	1947	3558
1923	600	1935	1655	1948	3573
1924	648	1936	1688	1949	3776
1925	727	1937	1706	1950	3793

资料来源：范铁权（2005）。

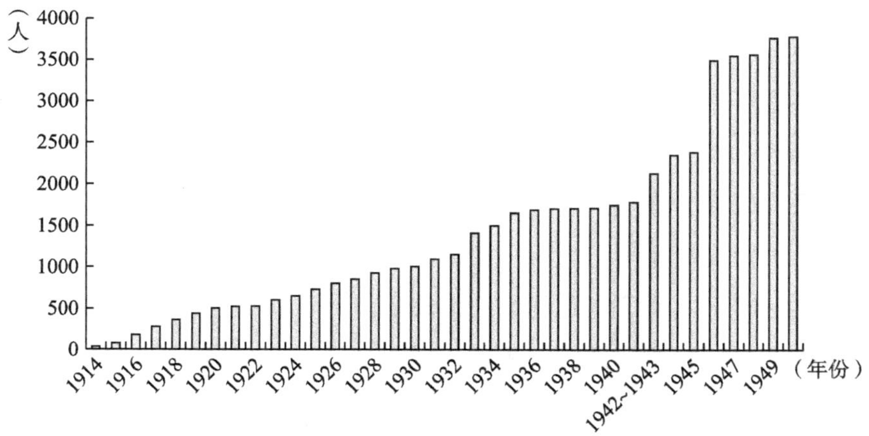

图7－1　中国科学社社员人数增长情况

在学科方面，中国科学社社员早期以工程科学出身者为主（1917年几乎占社员总数的一半），到20世纪二三十年代吸收了物质科学、生物科学、社会科学等各学科的人才（1932年专攻社会科学者达229人，占社员总数的19.9%）。中国科学社在近代学术史上承担了发展新知、交换智识、联络感情、讨论问题、发展学术事业的重要使命。

筚路蓝缕，“抗战建国”。抗日战争时期，中共中央为了培养科学技术干部、发展科学技术事业，于1939年5月决定建立延安自然科学研究院。1940年1月，为了适应“抗战建国”的需要，发展陕甘宁边区经济建设，并为未来的新中国培养一批科学技术干部，中共中央决定将延安自然科学研究院改为延安自然科学院。延安自然科学院在当时既是进行自然科学教学的最高学府，又是进行自然科学学术活动的中心。徐特立积极提倡学术思想自由，大力开展学术问题讨论。在徐特立的领导下，延安自然科学院培养了中国第一代无产阶级的科学技术干部。全院师生采取各种不同的形式，参加边区的经济建设工作，为增强“抗战建国”物质力量起了很大的作用。他们用西北的野生马兰草成功造纸，用沙滩筑盐田的方法制盐，发现并垦殖了南泥湾，制造了火柴、玻璃、肥皂和几百万枚军装用铜纽扣，指导炼铁厂、火药厂的生产，探明开采油井、气井，提供生产玻璃、肥皂、酒精和制碱所用的设备，设计修建了边区水坝，安装了水轮机，设计建设了杨家岭中共七大会议大礼堂。譬如为解决用纸问题，延安自然科学院（时称延安自然科学研究院）派华寿俊前往位于安塞县的振华造纸厂展开研制工作。经过考察研究，用两个多月时间试制出了马兰草纸，后成功地批量生产。用马兰草造纸，为《解放日报》以及多个会议文件的印刷提供了充足的纸张，满足了边区机关学校和普通民众的用纸需要。还在此基础上，成功研制生产了边区的钞票纸。为解决边区食盐短缺问题，延安自然科学院副院长陈康白博士带人奔赴地处毛乌素沙漠的三边盐池地。沿着“海眼”挖井，修建盐田，用吊桶从

“海眼”取水制盐。用新方法制盐不但解决了边区军民食盐问题，而且使边区盐业成为经济发展的亮点。为解决吃饭问题，延安自然科学院组织以乐天宇为首的生物系师生进行森林考察，为三五九旅在南泥湾垦荒种地提出了科学依据。后来，生物系师生又进行了两次大规模的森林考察，帮助一些居住在林区深处的群众解决了卫生饮水问题，让他们实现了粮食蔬菜的自给自足。延安自然科学院是在抗日战争时期极端艰难困苦的环境下，中国共产党领导老一辈无产阶级革命家、科学工作者致力于科学技术教育与学术研究，探索救亡图存道路的典范，展现了老一辈科学工作者开拓进取、勇于创新的科学精神和崇高理想，他们的革命性、创造性和科学性，谱写了延安精神的丰碑，他们艰苦创业、敢于创新，传承了勤劳勇敢、自强不息的伟大民族精神。

“两弹一星”，爱国情怀。新中国成立初期，为了搞“两弹一星”，一批科研工作者为国家和民族复兴贡献了青春、健康、智慧甚至生命。在一穷二白的年代，我国为什么要搞“两弹一星”？为什么能在比西方强国短得多的时间内搞成？邓稼先、钱学森那一代人都亲历过日本的轰炸，在自己国家的土地上见到过外国军队、军舰，见到过自己的亲朋好友死在战火中，经历过那种战争中的刻骨铭心的痛苦。全民族的抗战不是简单的几个字，是全民族都抱着以身报国的决心，是每一个人永远都作为战争的幸存者生活。在和平时代生活的年轻人，可能无法理解为什么饭都没得吃还要搞原子弹。有人说中国人搞原子弹是为了展示大国地位，实际上只要考察新中国成立时复杂的国际安全环境，就知道我国搞原子弹只不过是为了不被原子弹威胁。“两弹一星”元勋们为祖国做出重大贡献源于他们矢志不渝的爱国敬业精神和锲而不舍的努力。“热爱祖国、无私奉献，自力更生、艰苦奋斗，大力协同、勇于攀登”的“两弹一星”精神，已经成为我国学术研究的宝贵财富和动力源泉，是科技工作者的核心价值，并成为20

世纪以来中国人民自强不息、艰苦奋斗的民族精神。

新时代的爱国主义基本要求是：坚持爱国主义和社会主义相统一、维护祖国统一和民族团结、尊重和传承中华民族历史和文化、坚持立足民族又面向世界。我国第一位藏族院士多吉，1978年从成都理工大学（成都地质学院）毕业后，被组织派遣到世界上地热、地质方面做得比较好的美国去学习。在留美期间他时刻盼着早日学成归来报效祖国，为建设繁荣富强的祖国贡献自己的一份力量。当时不少学者和导师看重他的钻研精神和严谨科学态度，劝他留美工作。就在学成登机归国前几分钟，美方专家还一再挽留。面对盛情，他以“我的根在家乡”为由毅然谢绝留美，学成归国扎根西藏，在西藏羊八井勘探过程中，首次创立了大陆非火山型高温地热系统模型和成因理论，攻克了我国第一口地热发电西藏羊八井开发难题；主持完成了青藏铁路沿线矿泉水勘察工作，发现了全球少见的优质矿泉水；带领西藏地质勘探队发现了多个大型有色金属矿床，为开采我国紧缺战略矿产资源提供了重要的科学依据；在西藏发现了41亿年的亚洲大陆最古老的碎屑锆石，为基础地质演化研究提供了重要资料。

党的十八大以来，我国高校教师呈年轻化趋势，平均年龄为30多岁，高校青年教师成为现有科技队伍的主体。广大高校青年教师要承担中国科技创新事业发展的责任，就需要传承科学家的爱国理想和信念，用爱国信仰汇聚奋斗力量，用爱国责任激发奋斗热情，用爱国行动创立奋斗功勋，勇于挑战科学前沿，创造更多世界领先的科技成果。

三　以改革创新为核心的时代精神

所谓改革，就是破旧立新，改正旧的、与生产力不相适应的部分。创新则是开创新的事物，开辟新的局面。其核心是要求人们做事不能墨守成规、因循守旧，更不能畏首畏尾、过度保守，以免错失发展良机。应当锐意创新、大胆尝试、及时纠偏，以真理为唯一准绳，以进步为首要目的。改革创新是社会发展的动力。创新是一个民族进步的灵魂和精神支柱，是一个国家兴旺发达的不竭动力。社会发展史证明，人类进步的历史就是一部创新的历史。人类文明的一切成就都是新思维的胜利，是创新智慧的凝结。

时代精神是每一个时代特有的普遍精神实质，是一种超脱个人的共同的集体意识。它反映了社会进步的发展方向，引领了时代潮流，被社会成员普遍认可和接受，是一个社会最新精神气质、精神面貌、社会风尚的综合体现。以改革创新为核心的时代精神，是当代中国人精神面貌的集中写照。

人无精神则不立，国无精神则不强。2022 年 11 月 3 日，我国空间站梦天实验舱顺利完成转位，这标志着中国空间站“T”字基本构型在轨组装完成，我们向着建成空间站的目标迈出了关键一步。从“两弹一星”到载人航天，从北斗导航到月球探测，一代代中国航天人不负党和人民的期待和嘱托，奋力拼搏、锐意进取，用智慧和汗水创造了一个又一个举世瞩目的辉煌成就，孕育了航天传统精神、“两弹一星”精神、载人航天精神，以及新时代北斗精神和探月精神。“特别能吃苦、特别能战斗、特别能攻关、特别能奉献”的载人航天精神，既是航天传统精神和“两弹一星”精神的血脉赓续，也是新时代北斗精神和探月精神的精神源泉，具有强烈的爱国主义情怀和鲜明的时代特征，生动体现了以爱国主义为核心的民族精神和以改革创新为核心的时代精神。

在新的历史时期，为了建设创新型国家，党中央、国务院提出了创新驱动发展战略，发出了“大众创业、万众创新”的时代号召。青年时期是创新创造的宝贵时期。在创新创业的时代召唤中，当代学者尤其是高校青年教师，一要树立改革创新的自觉意识。继承先辈们的爱国情怀和民族担当，发扬“两弹一星”精神，培养不甘落后、勇争第一、追求进步的责任感和使命感，保持自强不息、开拓进取的奋斗精神，保持“咬定青山不放松”的韧劲，增强大胆探索未知领域的信心。二要增强改革创新的能力。夯实创新基础，培养创新思维，投身创新实践。自觉将“小我”与社会“大我”相结合，牢固树立创新科技、服务国家、造福人民的思想，把科技成果应用在实现国家现代化的伟大事业中，把人生理想融入为实现中华民族伟大复兴的中国梦的奋斗中，全面推动科技快速发展。不断开创中国特色社会主义事业新局面，为实现“两个一百年”奋斗目标而努力奋斗！

四　淡泊名利、甘于寂寞的奉献精神

学术活动不仅是运用知识和技能的实践活动，更是一种文化与精神活动。当前，在市场经济条件下构建学术价值观，需要学者们大力弘扬淡泊名利、甘于寂寞的奉献精神。没有对学术的无私奉献精神，就没有学术的成就。学术研究，不管是自然科学研究还是人文社会科学研究，都是人类探索未知的实践活动。探索即探险，探险就会有风险和危险。没有奉献精神的人是探索不了未知的。王国维在《人间词话》中说：“古今之成大事业、大学问者，必经过三种之境界：‘昨夜西风凋碧树。独上高楼，望尽天涯路。’此第一境也。‘衣带渐宽终不悔，为伊消得人憔悴。’此第二境也。‘众里寻他千百度，蓦然回首，那人却在，灯火阑珊处。’此第三境也。”

为什么在同样的社会环境下，有的人可以“出淤泥而不染”，有的人“出淤泥而被染”呢？正是由于前者在正确的学术价值观下涵养了高尚的学术精神。那些能做到“出淤泥而不染”的学者有一个共同的特点，他们一般能够享受科学研究中的“孤独、寂寞”环境，拥有人们常说的“宁静致远”的学问境界和学术奉献精神。这样的例子在我国近现代学术史上有很多。1938 年，华罗庚结束在英国剑桥大学的进修，回到战火纷飞的祖国。经过千里跋涉，他终于在昆明找到了半年多来杳无音讯的妻子和孩子。他到西南联大数学系任教，刚开始，一家六口与闻一多一家八口合住在一间不到二十平方米的厢房里。后来因为实在拥挤不堪，华罗庚在西郊普吉附近找了个牛圈，用最便宜的价格把牛圈上用来堆放草料的楼棚租了下来。牛住楼棚的下面，他们一家人住上面。要知道，即便贫苦的农民也极少住牛圈上面的草棚。而数学大师华罗庚以其惊人的毅力，每天晚上拖着残腿，跋涉十几里地回家，伏案于牛圈的楼棚，潜心于他的数学专著和论文。老牛在柱子上擦痒痒，常常搞得整个楼棚摇晃不已，人坐在楼棚上，那感受就像喝醉了酒或得了梅尼埃病一般。蚊子成群地在牛圈飞舞，虱子跳蚤也来吮吸大师的血液。在这样的条件下，华罗庚每晚工作到深夜，一遍又一遍地演算数学题。从 1938 年到 1945 年这短短七年间，华罗庚为世界数学史开创了一门新学科——矩阵几何学，攻克了十多个世界数学史上的难题，写出了《堆垒素数论》和《数论导引》两本专著及十几篇论文，仅公开发表的论稿就达 100 万字之多。有一次，附近的农民给华罗庚的妻子吴筱元送了两个鸡蛋，吴筱元悄悄藏了一个在床下。她见丈夫日渐消瘦，实在心疼不已。夜深人静，孩子们熟睡后，她把床底下的鸡蛋悄悄煮了送给丈夫。华罗庚看着鸡蛋，给妻子出了一道简单的数学题：一个鸡蛋重 0.5 公两，把它平均分成五份，每份多少公两？妻子不假思索脱口而出："当然是 0.1 公两啦。"华罗庚按妻子所说，把鸡蛋平均分成五份，自己把其中的一份吃了，剩下四份留给妻子和三个在家的孩子。妻子的眼泪扑簌而下。华罗庚安慰说："等我这本《堆垒素数论》出版后，我们去割几斤肉，全家人美美地吃一顿。要是还剩着钱，就给孩子们添几件新衣服，再给我自己买两包烟——真想抽支烟呀……"《堆垒素数论》的中文稿，终于在 1942 年年底完成，然而他万万没有想到，这部费尽两年心血方才写成的 30 万字的巨著，在他寄给重庆的中央研究院后，对方一拖半年才告知手稿已遗失。华罗庚气得大病了一场，躺了整整半个月。大病初愈后，他又拖着病体去给学生讲课，晚上依旧在油灯下工作到后半夜。《堆垒素数论》中文手稿丢失后，华罗庚没有马上重写第二稿。他在思考新的数学问题，很快完成了他的另一部著名的学术专著《数论导引》。完成这项工作后，在对整个数论学科进行重新认识的基础上，他的论证更加严谨的《堆垒素数论》英文手稿诞生了。1944 年，华罗庚的《堆垒素数论》英文版由苏联国家科学院出版。这是华罗庚在世界数学科学领域里的成名作，数论学领域的新星由此冉冉升起。当时他只有 35 岁。《堆垒素数论》的中文版直到 1957 年才终于和中国读者见面。因此，可以说忍受孤独和寂寞是一个学术人的基本功。热衷于酒桌上的推杯换盏场景绝不是学术人的常态。其实在做科学研究时，学者多数时间需要一个人在安静的环境下工作，例如研读文献，思考科学问题，分析实验结果，撰写学术论文等。一个优秀的科研集体需要每个成员首先能够坐得住“冷板凳”。

随着时代的发展，高校青年教师开始在科研领域登台接棒，用追求真理、严谨治学，淡泊名利、潜心研究，集智攻关、团结协作的精神品格，奏响了科学报国的时代乐章。譬如中科院古脊椎动物与古人类研究所“80 后”研究员付巧妹在德国深造时，虽没有古基因领域基础，但通过看文献补课，以勤奋和好学打动了国际古基因领域的资深教授。从博士三年“几无成果”到领衔的研究入选《自然》杂志“2014 年度十大科学事件”。正是因为甘坐“冷板凳”，静心笃志、沉潜专注，付巧妹带领团队推动我国的古遗传学研究进入世界前列，为提升我国该领域科技创新水平做出了贡献。“改革先锋”叶聪先后担任“蛟龙”号主任设计师和首席潜航员、“深海勇士”号副总设计师、“奋斗者”号总设计师，从自主设计的 7000 米载人潜水器“蛟龙”号，到自主研发的 4500 米载人潜水器“深海勇士”号，再到探底马里亚纳海沟的全海深载人潜水器“奋斗者”号，他深度参与并见证了我国载人深潜的每一次跨越……

马克思曾说："如果我们选择了最能为人类而工作的职业，那么，重担就不能把我们压倒，因为这是为大家作出的牺牲；那时我们所享受的就不是可怜的、有限的、自私的乐趣，我们的幸福将属于千百万人，我们的事业将悄然无声地存在下去，但是它会永远发挥作用，而面对我们的骨灰，高尚的人们将洒下热泪。"（马克思、恩格斯，1995a，第1卷：459～460）北京大学前校长蔡元培指出："教育是帮助被教育的人，给他能发展自己的能力，完成他的人格，于人类文化上能尽一份子的责任。"爱因斯坦说过："一个人的价值，在于他贡献了什么，而不在于他能得到什么。人只有献身于社会，才能找出那短暂而有风险的生命意义。"一个社会的进步要求每一个人为社会所贡献的多于他从社会所得到的。

第四节　更新培育理念，创新培育方法

高校青年教师学术价值观培育必须因地制宜，根据青年教师的群体特征，运用科学合理的方法，才能达到入脑、入心、入行的效果。

一　理论教育与实践教育相结合

"教育即生活"意味着教育属于生活，教育为了生活，而且教育要依靠并借助于生活。纪录片《改变世界的方程式》讲述了爱因斯坦将其前辈科学家求得的对物质世界本质的认识，凝聚成了一个简单而优美的方程的故事。在这一过程中，爱因斯坦的前辈科学家为他提供了很好的理论基础，从而使他产生了探索的欲望。在法拉第研究电磁的相互作用时，他发现将一个小磁针放在通电导线附近，小磁针会受力偏转并与导线垂直。对于电的本质，当时剑桥大学标准课程中有这样一句描述：电沿着导线传播，并不会跑到导线外面。法拉第却并不这样想，他认为电力沿着导线传播时，也会向周围施加一些"看不见

的力”，也许某些电力会从导线中向周围辐射开来。而后经过大量的实验，法拉第终于得出了电与磁之间的相互关系。在科学探究的道路上，科学家往往要经过反复的实验才能得出正确的结论。同样，在建设中国特色社会主义的道路上，也正是先辈们在不断的探索中寻得真知，让马克思主义在中国得到发展，进而形成了毛泽东思想、邓小平理论、“三个代表”重要思想、科学发展观以及习近平新时代中国特色社会主义思想等马克思主义中国化的成果。“纸上得来终觉浅，绝知此事要躬行。”毛主席曾特别强调：“马克思主义看重理论，正是，也仅仅是，因为它能够指导行动。如果有了正确的理论，只是把它空谈一阵，束之高阁，并不实行，那末，这种理论再好也是没有意义的。”（毛泽东，1991，第 1 卷：292）也就是说，马克思主义经典作家学习和创造理论，不是为了学习，而是为了更好地运用理论改造客观世界。世界在一次次的探索物质本源中被人们所认识，世界的发展也正是在一次次的理论与实践相结合之下被推动的。因此，高校青年教师学术价值观培育要坚持理论与实践相结合的教育方法，坚持“在做中学”，当圆满地解决学术研究的问题时，就创造了知识和力量。在这一过程中，既验证了理论知识，也根据这些理论知识制造世界上有用的东西。所以，必须将学术价值观的理论与实践相结合，在学术研究的过程中，增强高校青年教师遵守和运用学术价值观的理论自觉与实践自为。

二　教育引导和自我塑造相结合

学术价值观是传统学术文化与历史涵养的珍贵遗产，是对现代文明的深化与提炼。在一个高速发展的社会中，学术价值观是使青年学者不被社会齿轮快速转动产生的离心力甩出正轨的地心引力。价值观一直在潜移默化地塑造着民族性格和个人价值取向，规划着学者的人生轨迹。高校青年教师是塑造价值观的主体，这意味着其对学术、对社会有责任。在价值选择过程中，每个人都在两种针锋相对的思想中斗争，是否能够选择符合社会进步要求的正确的价值观，取决于每个人的修养以及意志的坚定性。用什么样的价值观引导学术活动决定着青年学者未来的道路选择，也决定着其做学术的态度和追求。习近平（2016）总书记在2016年5月17日召开的哲学社会科学工作座谈会上告诫学者要“耐得住寂寞，经得起诱惑，守得住底线，立志做大学问、做真学问”。实际上，当前国内各高校都很重视对青年教师学术价值观、学风的教育与引导，并且制定了在学术共同体内部，老中青通过“传、帮、带”的措施加强青年教师学术能力培养和师德师风教育与引导的制度，但一些高校并未真正形成学术团队或正式的学术共同体组织。在我国高校基层学术组织建设历史中，曾有过基层教研室这一成功的经验，教研室是教师进行教学与学术交流、探讨的基层单位，是教师进行自我管理、自我教育的重要阵地，是老中青进行“传、帮、带”的重要平台，对提高青年教师教学与学术研究能力具有重要作用，然而现在教研室在各高校基本上名存实亡，多数青年教师很少有机会聚到一起，认真研讨学术与教学。

三 价值观教育与解决实际问题相结合

利益是思想理论的基础。培育高校青年教师学术价值观，要重视学术活动背后的利益逻辑。马克思说过：“人们奋斗所争取的一切，都同他们的利益有关。”（马克思、恩格斯，1956，第1卷：82）“‘思想’一旦离开‘利益’，就一定会使自己出丑。”（马克思、恩格斯，1957，第2卷：103）毛主席曾强调：“马克思列宁主义的基本原则，就是要使群众认识自己的利益，并且团结起来，为自己的利益而奋斗。”（毛泽东，1991，第4卷：1318）只有深入高校青年教师的日常生活，运用学术价值观的立场、观点、方法，有效解决青年教师的切身利益问题，学术价值观才能得到他们的真正认同并深入他们内心。高校青年教师面临工作、生活多方面的压力，因入职时职称低、薪酬低，一些人为排解大城市物价上涨的生活压力，会挖空心思在本职工作之外寻求生财之路，这些因素严重影响了高校青年教师未来的学术发展潜力。解决这一问题的关键是从大学体制改革入手，创造有利于青年教师发挥才干的制度环境。建立以学术评价体系为准绳、以公平竞争为导向的职称评审机制和收入分配制度，在相关决策和权益的规划中，为青年教师发声留有一席之地。师道兴，则国家兴。为此，要全面、深入、及时地了解青年教师的思想状态和学术研究状况，准确掌握他们的思想问题和在学术研究中遇到的困难与问题，将解决青年教师思想问题和学术研究中的问题结合起来，从青年教师的切身利益和需求出发，通过教师代表大会、工会代表大会等多种渠道和方式建立健全利益表达机制，为高校青年教师学术价值观培育夯实基础。通过微博、微信、论坛等方式畅通利益表达渠道，及时了解青年教师的困惑与困难，在解决关系其切身利益的问题过程中提升学术价值观培育的效果。

总之，高校青年教师学术价值观培育方法要结合中国特色社会主义市场经济的实际情况，根据高校青年教师的群体特征，以解决他们的实际问题为导向，选择科学合理的学术价值观培育方法，达到入脑、入心、入行的目的。

第五节　促进价值认同，完善培育路径

唐凯麟（2007）认为，价值认同是“价值主体在社会实践中通过对话、交往、互动，不断调试自身的价值结构以顺应社会价值规范的过程，它表现为社会成员对社会共同价值规范的自觉接受、自觉遵循的态度，它标志着人们在社会实践活动中能够以社会共同的价值要求作为标准来规范自己的活动，并使之内化为自己实际行为的自觉取

向”。高校青年教师对学术价值观的认同有一个“外—内—外”的动态的辩证运动过程，即学术价值观“化”青年教师，为青年教师认同学术价值观做准备，青年教师“化”（内化）学术价值观为自身的学术价值诉求，再将学术价值观“由内向外”转化为在学术实践活动中的自觉行为。

一 高校青年教师对学术价值观的认知理解

认知理解是高校青年教师学术价值观培育的前提。学术价值观“化”青年教师是学术价值观培育的开始阶段。学术价值认同是学术价值观培育的基础和前提。为此，必须努力探索高校青年教师对学术价值观认同和内化的方式和途径。

利用鲜活的素材进行学术价值观教育。比如通过诠释“热爱祖国、无私奉献，自力更生、艰苦奋斗，大力协同、勇于登攀”的“两弹一星”精神进行学术价值观教育。“热爱祖国、无私奉献”，是科技工作者的坚强精神支柱。在研制“两弹一星”过程中，广大科技工作者把个人的理想与祖国的命运紧紧联系在一起，把个人的志向与民族的振兴紧紧联系在一起，隐姓埋名，默默奉献。他们用热血和生命谱写了一部为祖国、为人民鞠躬尽瘁、死而后已的动人诗篇。“自力更生、艰苦奋斗”，是科技事业取得成功的立足基点。他们依靠科学、顽强拼搏，发奋图强、锐意创新，突破了一个又一个技术难关，取得了科技事业的伟大胜利。他们所具有的惊人毅力和勇气，显示了中华民族在自力更生的基础上自立于世界民族之林的坚强决心和强大能力。“大力协同、勇于登攀”，是科技事业取得成功的重要保证。老一辈科学家以执着的追求和超凡的智慧大胆创新，发扬学术民主，集思广益，突破了一系列关键技术，实现了一系列重大突破，使我国的科研能力实现了质的飞跃。他们用自己的努力甚至是生命，为中华民族文明创造史增添了光彩夺目的一页。“两弹一星”精神，是爱国主义精神、集体主义精神、社会主义精神和科学精神的生动体现，是中国人民在党的领导下，创造的新的宝贵精神财富，是激励全国各族人民，在社会主义现代化建设道路上奋勇前进的巨大精神力量。

利用榜样的力量进行学术价值观教育。系统梳理中外历史和当下我国学术研究的榜样，进行学术价值观教育。比如数学家陈景润和张益唐的事迹，前者曾经在图书馆和锅炉房中研究多年，据说演算数学的草稿纸有几麻袋，关于他的趣闻轶事也不少。张益唐在一个并不知名的大学做讲师十多年，在出色完成本科教学工作外，在“孤独寂寞”中坚持研究数学难题并最终走向辉煌。九三学社原中央副主席、全国政协原副主席王选先生长期潜心研究激光排版系统，最后成功，造福了出版印刷界。世界上若干惊世骇俗的成果大多也是那些科学家在“寂寞孤独”的环境中奋斗而产生，例如伦琴在“枯燥无味”的实验中发现“X－射线”。他们的精神都是进行学术价值观教育的优秀素材。

二　高校青年教师对学术价值观的认同内化

认同内化是高校青年教师学术价值观培育的关键。青年教师“化”学术价值观是学术价值观认同的内化阶段。在内化阶段，青年教师作为学术活动的主体通过一定的途径将学术价值观内化为自身的价值行为与判断标准，然后用以指导其学术实践活动。其中“内化”是价值认同的关键，高校青年教师只有将学术界公认的学术价值观“化”为自身价值判断、道德行为的准则，才能在学术实践活动中真正地践行学术价值观。高校青年教师学术价值观认同的“内化”过程又分为“知、情、意、行”四个阶段。

首先，“知”是内化的基础。不了解就不可能认同，“知”是主体实现价值内化的开始。因此，高校青年教师对学术价值观认同的“内化”过程，必须以“知”为出发点。这里的“知”既包括知其然，即充分认识学术价值观的内涵；也包括知其所以然，即必须深刻地了解和认识学术价值观形成的历史背景和现实基础。高校青年教师要完成学术价值观的内化，必须在理论上全面认识、把握学术价值观，领会其内涵和精髓，唯有如此才能全面地“知”。只有通过这样的“知”才能真正地实现“内化”。

其次，“情”是内化的桥梁。“情”是对学术的感性认知，既是对学术的心理体验也是推动学术行为的动力。表现为对学术的好与恶、认可与否定、接受与排斥等情感，“知”的程度决定“情”的倾向。当高校青年教师对学术价值观的认知达到一定程度，认可了学术价值观的内涵，并对其历史变迁和现实基础有了深刻的了解时，他们就会对学术价值观形成喜好、认可、接受的情绪，进而通过理性的判断对学术价值观确立信心，并将其转化为个体学术价值观的基础构成。“情”是这一过程的桥梁，连接着高校青年教师对学术价值观的“知”、“意”和“行”。在新时期成长起来的青年教师群体，其思维方式与价值观念都发生了很大的变化，与老一辈相比，他们更偏重于独立、个性、实用甚至功利等价值观念，因此，需要学术共同体特别是老一辈学者动之以“情”，引导青年教师在情感上认同与接受学术价值观，并将其固化为坚定的学术意志力。

再次，“意”是内化的根本。“意”在学术价值观的树立中常常表现为理性意志，在价值认同中起着决定性作用。意志是学者确立学术理念、动机、目标，并长期坚持为之努力奋斗的精神力量。“意”是指导学术实践活动的力量，是实现学术价值观认同的根本。因此，高校青年教师要真正地认同学术价值观，“化”学术价值观为其自身稳定、持久的，根植于心、指导行为的价值准则。这一环节要实现从感性的情感接受到理性的意志认同的“质”的飞跃，因此是一个相对漫长的过程。要充分发挥高校青年教师的主观能动性，注重认知情感的积累和引导，逐渐内化学术价值观，达到“质”的变化，将其锤炼为坚定的意志力。

最后,“行”是内化的归属。“行”是指高校青年教师的学术实践活动,它既受学术意志的支配又是对意志形成结果的检验。经过“知”“情”“意”的不断内化,学术价值观已经成为高校青年教师进行价值判断的自觉标准。行动是意志的外在表现,是高校青年教师在学术思想的引导下能动地做出的学术行为,即学术价值观外化为“行”。“知”“情”“意”“行”是相互联系、协同统一的整体。高校青年教师学术实践活动,不仅是其学术素养和情感意志的体现,也是其学术价值观认同程度的反映。高校青年教师只有自觉地将学术价值观作为价值判断标准,“内化”的过程才得以完成。

三 高校青年教师对学术价值观的实践外化

实践外化是高校青年教师学术价值观培育的目的。内化与外化是学术价值观培育的两个环节。高校青年教师学术价值观认同的外化,就是青年教师在学术实践活动中践行学术价值观。经过“知”“情”“意”“行”的内化过程,在自身范围内,高校青年教师学术价值观认同似乎已经基本完成,但从高校青年教师的工作性质、社会责任来看,认同还没有完全实现。高校青年教师不仅要将学术价值观转化为判断学术行为、处理利益关系的价值准则,更要将其贯彻到学术实践活动中去,引导学术共同体内部其他成员对学术价值观的认同。这就是高校青年教师学术价值观的“外化”即践行过程。

第一,将学术价值观外化为高校青年教师的学术行为。当前,西方各种社会思潮不断涌入我国,给学术价值观认同带来了一定程度的冲击和挑战。因此,加强和提升青年教师在学术行为中对学术价值观选择及认同的能力,是高校青年教师外化学术价值观认同的关键。青年教师年纪轻、阅历浅,在复杂情况下往往缺乏坚定的信念,价值判断及价值选择的能力尚待进一步培养、巩固,相对老一辈学者更容易受外来思潮的影响。因此，应加强高校青年教师认同学术价值观的主动性，以学术共同体内部的学术文化传统为依托，以社会主义核心价值观为引领，提升高校青年教师的价值判断与价值选择能力。

第二，将学术价值观外化为高校青年教师对其他学术人员学术价值观培育的实践。从入脑、入心到入行，是高校青年教师从认同学术价值观到践行学术价值观所要解决的关键问题。现实中有一部分青年教师忽视甚至漠视学术价值观，出现“知而不信、信而不行、行而不宣”的现象。高校青年教师学术价值观认同的最后完成，正是通过高校青年教师在学术活动中对学术价值观的践行来检验的。在这一过程中，要了解高校青年教师参与学术实践活动及认同学术价值观过程中存在的困惑与问题，并给予实际的帮助与引导，经过不断培育与锤炼，使高校青年教师在学术实践活动中逐渐接受、认同并切实践行学术价值观。

第六节　关注利益诉求，优化学术环境

学术利益分配制度和学术管理制度是学术价值观培育的根本保障。学术价值观问题属于意识形态问题，意识形态的问题不能仅靠对意识形态的改造来解决，高校青年教师学术价值观培育还必须重视学术背后的利益逻辑，并从制度层面提供学术运行的根本保障。正如帕森斯（1988）所说，“价值系统自身不会自动地‘实现’，而要通过有关的控制来维系。在这方面要依靠制度化、社会化和社会控制一连串的全部机制”。需要是人的本性，只有尊重人的需要，并从人的需要出发，才能有效地使其从根本上认同相应的价值观。因此，高校青年教师学术价值观培育，要从青年教师关注的切身利益出发，协调学术利益关系。人的终极追求是无限的智慧，而不是权力、财富、名望，但在实现这一目标之前，必须满足其对生存的最基本需要。正是

在如此设定的情景之下，康德（1960）指出，每一个人都必须是生活的目的本身，而不应是任何他人的工具、手段；并且每一个人都必须如此行动，以至他的每一步都应该可以成为人类共同立法的依据。当前，在我国学术管理中普遍采用的指标化管理、利益激励和竞争机制管理思维在现实运行中问题逐渐凸显，主要表现为学术管理的指标化、功利化和行政化。“由于自然科学被资本用作致富手段，从而科学本身也成为那些发展科学的人的致富手段，所以，搞科学的人为了探索科学的实际应用而互相竞争。”（马克思、恩格斯，1956，第47卷：572）这些问题是导致学术价值观异化甚至引发学术失范行为的外部因素。学术价值观是用以调节学术行为主体间价值关系的观念集合。对社会转型期学术活动中的价值冲突进行整合与疏导是学术管理的重要内容和任务。为推进科技体制改革，落实创新驱动发展战略，优化学术环境，激发科技工作者的创新活力，2016年1月13日，国务院办公厅印发《关于优化学术环境的指导意见》（国办发〔2015〕94号），从政府职能、科研人才、评价机制、学术道德等多个方面出台了具体措施。

一　合理的学术利益分配制度

从经济学来看，学术研究活动其实是一种学术利益创造、利益分配和利益协调的活动。学术活动中涉及人与人、人与社会、人与自然等多重关系，这些关系表现为经济关系，实际上是一种利益关系。利益结构就是利益主体将其在学术活动中的利益关系的配置形式进行模式固化的结果。各个社会主体能够在效率与公平原则指导下实现自身利益，能够充分发挥“无形之手”和“有形之手”的调节作用，这样形成的利益关系是协调的，由这样的利益关系构建的社会就是和谐社会。改革开放的历史是利益关系不断调整和优化的历史。改革开放是我国经济社会发展的根本动力，是利益关系和利益格局重新调整的过程，是从大锅饭、平均主义到鼓励个体成员创新、激发潜能的过程，是从共同贫穷到鼓励一部分人和地区先富裕起来的过程，是从单一公有制到多种经济成分共同发展的过程，是从封闭僵化到开放搞活的过程，由此使中国社会进入全民创造财富的新时代。在利益结构调整过程中，在做大“蛋糕”和分配“蛋糕”的过程中出现了利益关系的失衡问题，导致利益冲突。在学术活动中，利益冲突中的利益选择偏差导致了学术失范行为。

（一）重视学术研究的智力劳动和创新贡献

学术研究是以智力投入为主的知识创造性实践活动，其主要成本为智力成本。当前，青年教师是我国学术活动的主力军，学术管理制度的核心就是要通过协调并充分肯定其合理的学术利益，激发他们的主动性、积极性和创造性。然而，在我国现有分配体制中，对学术研究人员的智力成本和创造性劳动与贡献的体现还不够。一般认为，科研经费（现在明确包括纵向科研和横向科研）是公有财产，只能用于科研直接支出。在 2016 年全国科技创新大会前，我国的科研经费管理办法规定，科研人力成本费用只能包括劳务费和专家咨询费，而劳务费只能用于课题成员中没有工资性收入的相关研发人员（如在校研究生）或者临时聘用人员；专家咨询费只能用于临时聘请的为课题提供咨询服务的专家。真正能用于激励学术研究人员的费用，只有国家自然科学基金等课题中 5% 的间接经费，而国家社会科学基金无任何可用于激励研究人员的费用，其实国家社会科学基金等人文社会科学类课题的智力劳动付出并不比自然科学类课题少，而且除调研、差旅等的费用外，人文社会科学主要是靠研究人员的智力劳动投入。课题费不能用于激励科研人员，那么，科研人员为什么要来做这个课题呢？有人说，科研人员是拿国家工资的。如果拿国家工资的人做课题就不能获得课题经费收益，那么做学术研究与不做学术研究的科研人员有什么区别呢？既然没有物质收益上的区别，那么大家就没有必要做课题。这样就再也没有学术创新了。这样的制度设计无疑是不利于学术发展的。2016 年全国科技创新大会后，这一情况才得到逐步改善。从总体上看，从事学术研究的青年教师的工资水平与同龄的其他社会成员的工资相当，甚至比某些行业收入更低，高强度的智力劳动投入未能得到相匹配的薪酬，大量的智力劳动投入无法得到承认，也无法转化为经济上的利益，这必然导致青年教师的心态失衡。

好的科研管理制度应该是不仅使科研经费用于科研创新，还能够使学术研究人员从中获得有尊严的收益。第一，学术研究人员能否在项目中获得报酬？学术研究人员在学术研究过程中付出了比他人更多的智力劳动，理应通过课题经费获得相应的报酬。虽然都拿国家工资，但这不是不能拿课题经费的理由，学术研究是正常工作之外的高强度的劳动。马克思政治经济学不仅强调按劳分配，还对劳动进行了简单劳动和复杂劳动的区分，进而提出按不同性质的劳动区别其劳动所得。因此，学术研究人员不仅应该拿劳务费，而且应该根据制度规定获取更高的报酬。第二，制度管什么？科研课题既经专家评审立项，就构成合同或契约关系，具有法定效力，那么立项单位和依托单位就不应管理经费，而应管理项目。为了改善忽视学术研究人员智力劳动，无法调动其积极性的现状，在加强和规范科研经费管理的基础上，可借鉴西方国家对科研经费的管理模式，比如实行科研任务与经费的包干制，将管理重点放到督促课题负责人及其团队把课题做好，能够按预期成果和质量结题，能够在学术问题上进行理论创新和思想创新。在确保完成了预期研究目标的基础上，给予科研团队更大的自主权，从而激发以青年教师为主体的科研人员创新和创造的活力。另外，科研依托单位最重要的职责是为课题组提供宽松的环境、必要的科研条件，以保障项目顺利实施。而现实中，科研依托单位很少为科研项目的完成提供方便，更多的是关注其项目经费的使用情况。因此，出现管理上的目标错位，本末倒置。第三，怎么管？试行科研经费“负面清单”管理法。所谓“负面清单”就是规定哪些东西不可以使用。“负面清单”是自贸区的一种制度创新，科研经费管理完全可以借鉴。何种管理既宽松，也符合科研项目的特殊性？科研项目的申报需要有一定的前瞻性，而立项后从事研究的过程中，项目涉及的问题可能随着环境、时间的变化而发生变化。倘若课题因预算限制而不能随着时间的变化进行灵活调整，那么，课题的成果肯定会与实践脱节。这样的成果不仅失去了立项的意义，而且会失去它的学术价值。第四，适时取消发票。发票是摧毁学者最后一点尊严的东西。在发票面前，学者的脸面全无，学者的尊严尽失。由于经费的使用必须要发票，发票在当今中国的学术界成为最稀缺的资源。当今学术界讨论最多的不是学术本身的问题，而是如何弄到“优质”发票的问题。结果如何弄到“优质”发票成为当今学术界最重要的“学术”问题。古人有“不为五斗米折腰”之说，这彰显了读书人的清高和尊严。然而，在物质生活极度丰富的今天，读书人已经被迫堕落到为科研经费而不得不丢掉尊严的地步。这是读书人的问题，还是管读书人的制度的问题呢？第五，科研管理制度的初衷是为科研服务，使科研人员更好地进行科研活动，推进学术创新和学术繁荣，然而现实中却异化为限制科研人员的科研活动。在这种管理之下，科研创新如何可能？既然科研创新很难，科研人员只好选择适应，既满足需要，“制造”科研成果，又努力从“制造”科研成果中获得收益，补贴“制造”科研成果的智力成本。因此，出现了发票成为科研过程中最重要的稀缺资源的奇怪现象。

（二）明确高校青年教师的定位，回归研究生教育的本真

学术研究应该是少数对探究学问、创新知识、创造思想感兴趣的人的事业甚至志业，而不应该是大众化、市场化的职业。学术研究行为不能市场化、产业化，但学术研究成果必须市场化、产业化。然而，当前我国学术研究已经市场化、产业化。学术机构被纳入社会就

业的轨道，凡是进入学术机构的，客观上就要求成为学术研究者。高校青年教师大多是取得博士学位后进入大学从事教学科研工作的，博士是以科学研究为职业导向的，博士研究生教育的首要功能是满足国家科技进步对高层次创新型学术人才的需要，最理想的读博状态应该是热爱学术研究，攻读自己特别感兴趣的学科专业，在读博过程中充分发挥自己的能力和潜力，将来从事与博士专业相关的学术研究工作。我国《高等教育法》第十六条明确规定："博士研究生教育应当使学生掌握本学科坚实宽广的基础理论、系统深入的专业知识、相应的技能和方法，具有独立从事本学科创造性科学研究工作和实际工作的能力。"然而，目前我国研究生教育的功能发生了错位，高校和社会对具有硕士、博士学位的人才的需要，促使我国研究生教育大幅扩招，研究生招录时并没有真正考查考生的科研能力、科研潜力和科研兴趣。随着研究生教育规模的扩张，研究生教育质量出现了一定程度的下滑。特别是许多研究生的兴趣爱好并不在学术研究上，但他们随波逐流，为了能找到一份稳定的工作，拿到稳定甚至更高的收入，或者就是为了证明自己考试能力强，是一个好学生，选择了攻读硕士、博士学位，他们不知道选择研究生教育就意味着选择了清贫的生活，选择了"板凳宁坐十年冷"的学术精神，他们并没有内化对学术价值的坚持和学术自律，于是只能"混"在大学校园里。麦可思公司发布的《2008 年大学生求职与就业调查报告》显示，仅 12% 的考生为做研究而选择考研。这种情况与研究生培养的基本目标是相违背的。怎么办？我国研究生教育特别是博士教育必须改革、分流，明确学术型博士教育的定位，还原博士教育的学术功能，博士教育首先应追求学术研究的价值，在学术价值的基础上发挥其教育价值。同时，高校还应按照"科研工作者"来定位高校青年教师，在明确其学术研究工作任务的基础上给予其相应的学术地位和工资待遇。保障其在经济上的独立自主，为其学术独立和学术自由创造必要的条件。在民国时期，大学教授的工资是100～300大洋/月（陈独秀任北京大学教授时工资是300大洋/月），而当时县长的工资是20大洋/月，雇一个保姆则只需2大洋/月。1957年，胡适到台湾任“中研院”院长，要求政府提高教授工资，给教师的工资应该能保证其安心研究学问，甚至过上优裕的生活。现在教师尤其是青年教师工资收入普遍不高，造成“造原子弹不如卖茶叶蛋”的社会怪象。在物质社会环境下，青年教师每天却在为生计而奔波，如何能安心做学问，出精品呢？

二 科学的学术管理制度

1980年8月18日，邓小平同志在中央政治局扩大会议上发表《党和国家领导制度的改革》的讲话时指出：“这些方面的制度好可以使坏人无法任意横行，制度不好可以使好人无法充分做好事，甚至会走向反面。”（邓小平，1994）著名思想家卡尔·波普尔（1986）也说过：“人们需要的与其说是好的人，还不如说是好的制度。”制度是制约青年教师学术热情的一个重要因素。韦伯（1998）在《以学术为业》的演讲中告诫青年听众：“可见，学术生涯是一场鲁莽的赌博……只有极少数人能够无动于衷地忍受这种事。”雅斯贝尔斯（2007：109）也曾说：“在大学里面，即便是最好的制度都有可能退化或者被扭曲……大学的制度很容易被权欲熏心的学者所利用，成为他们手中的工具，这些人会或多或少不留情面地利用自己的名望、关系和朋友来提携某些人。”学术管理应该遵循学术的逻辑而非政治和经济的逻辑，唯有如此才能体现学术之为学术的基本价值。学术管理制度的首要目的是保障学术权力（按照学术活动的内在逻辑，学术权力包括学术自由、学术自治、学术自律和学术宽容）的正常发挥。

学术自由。学术自由是学术繁荣的根本保证，是学术活动最突出的特性。学术自由包括两个层面的内涵：一是指集体层面即学术机构的自由；二是指学者个体层面思维的自由，即选择方向、确定研究问题、提出研究意见和传播研究成果的自由。正如爱因斯坦（2017）所说，“这种内心的自由是大自然难得赋予的一种礼物，也是值得个人追求的一个目标”。只有自由的心灵，才能翱翔于浩瀚的天国，驰骋于辽阔的大地，达到“我不觅诗诗觅我，始知天籁本天然”的自由创造的境界，从而生产出卓尔不群的精神珍品和别具一格的思想果实。

学术自由的形成历经数百年，在高等教育乃至教育发展起始阶段人们就认识到，学术活动的目的是追求真理，促进知识发展。1670年，荷兰哲学家斯宾诺莎提出“探讨的自由”（libertas philosophandi），认为人“根据最高的自然法则为其思想的主人”。英国学者阿什比（Ashby，1966）爵士认为：“在文明的国家里，学术自由已发展为一种受到特别保护之思想自由的角落。它并不是学术界有些人士所宣称的乃个人的特权。学术自由是一种工作的条件。大学教师之所以享有学术自由乃基于一种信念，即这种自由是学者从事传授与探索他所见到的真理之工作所必需的，也因为学术自由的氛围是学术研究最为有利的环境。”学术自由是学者寂寞地坚守目标，执着地追求真理，抵挡物质利益诱惑的前提和必要条件。

雅斯贝尔斯（2007：19）曾说，大学是“一个管理自身事务的团体，而不管它的资产是来自捐赠，来自古老的财产权，还是来自国家；也不管它最初的公共许可是得自教皇饬令，得自皇帝的认可，还是得自省或者州的法案。在每种情形里面，它的独立存在所表述的都是大学创办者这方面的明确愿望，或者是得到了创办者的持久容许。就像教会一样，它的自治权——这种自治权甚至都得到国家的尊重——是来自一个具有超国家、普世性特点的不朽理念：学术自由”。在雅斯贝尔斯看来，学术自由是大学承担科学研究并传播学术成果的一项特权，为了维护学术自由它可以抵制任何人试图剥夺学术自由的行为。“大学是一个由学者与学生组成的，致力于寻求真理之事业的共同体。”“如此看来，大学就是一个将以献身科学真理的探索和传播为志业的人们联合起来的机构。”“突破一切限制，不计一切代价地寻求真理。没有这种意志的驱策，人根本就不可能竭尽全力地臻于思维的极致。”

正如金耀基（2001：172）先生所言，“大学的理念是一个‘知识性社会’（intellectual community）。它的功能则在发展知识、追求真理。……在学术自由的概念下，大学的教师有从事思考、研究、发表和传授其对真理之一见一得的自由。这种自由除了受基于理性方式产生的纯学术行规与权威的制约外，不受其他规制或权威的干涉与控制。……大学教师之所以应有学术自由，乃源于大学教师之特殊的性格与功能”。在当前，学术自由就是给予学者按照学术发展规律进行科学研究的空间，正如中山大学朱熹平教授四五年难以产出论文而不被扫地出门那样。

高校应鼓励学者理性地、非工具性地进行学术研究，并为其提供一种自由探索、开放的学术氛围，这种氛围维护着、滋养着、熏陶着纯粹而自由的理性精神。正如陈寅恪先生所做的精准概括：独立之精神，自由之思想。这里有真正伟大的思想家，他们是存在着理论人生的鲜活证明。他们拥有权威，但它不是以权力、金钱或家族为基础，而是来自令人肃然起敬的自然天赋。他们相互之间以及他们与学生之间的关系，展示了一个真正有共同理想的共同体。在一个以理性为基础的国家里，学校是精神的庙堂，它通过理性的思考，唤起人们心中对知识、对学术的敬畏。陈寅恪为王国维纪念碑所作的碑文有词曰：“士子读书治学，盖将以脱心志于俗谛之桎梏，真理因得以发扬。思想而不自由，毋宁死耳。……先生之著述或有时而不章，先生之学说或有时而可商；惟此独立之精神，自由之思想，历千万祀，与天壤而同久，共三光而永光。”

学术自由强调学术的公有性和普遍性。正如蒙罗所说，“学术自由之存在，不是为了大学教师的利益，而是为了他服务的社会的福祉，最终则是为了人类的福祉”（转引自金耀基，2001：174）。美国大学教授协会（AAUP）在1915年的原则申明中声称教师应该被保证“思想、探索、谈论和教学的绝对自由”。AAUP的学术自由和教职委员会1941年1月10日在Pasadena举行年会，在其“指导性申明”中指出：“高等教育机构是为了公共利益而运行的，不是为了提高教师的个人利益，也不是为了提高学校整体的利益。公共利益依赖于对真理的自由追求和揭示。学术自由对这些目的而言是必需的，既适用于教学，也适用于研究。研究中自由真理的推进是至关重要的。教学中的自由对维护教学中的教师的权利和学生的学习自由也是至关重要的。学术自由既包括义务，也包括相应的权利。”（周志宏，1989）英国的剑桥大学在大学章程中明确规定：“确保学术员工在法律范围内有质疑和检验多数人意见、提出新观点和意见的自由，即使其观点或意见有争议或不受欢迎，且应确保学术员工不会因此面临失业或丧失权利。”（University of Cambridge，2016）在1956年1月中共中央召开的关于知识分子问题的会议上，时任中宣部部长陆定一就指出：“学术问题、艺术问题、技术问题，应该放手发动党内外知识分子进行讨论，放手让知识分子发表自己的意见，发挥个人的才能，采取自己的风格，应该容许不同学派的存在和新的学派的树立，这和纵容资产阶级思想的自由发展是不同的。他们之间的互相批评，决不要戴大帽子。”（转引自陈清泉，2006）总之，让学术的归学术，经济的归经济，政治的归政治，道德的归道德。

学术自治。学术自治是指学术机构在不受外力干预的情况下自觉地对学术活动进行自我管理的行为，主要表现为：在外部关系层面，正确处理学术机构与政府等行政管理部门的关系；在学术机构内部，正确处理学术权力与行政权力的关系。学术自治是学术管理的最终目标。大学是一个学者团体或者说是由一个个学术共同体构成的，在学术共同体内部，学者们自己管理自己，不受外力的干扰，独立地从事学术研究活动。中世纪以来，学术自治始终是大学努力追求的价值目标。为了排除行政和宗教等外部力量对学术研究与教学秩序的干涉，维护学术研究的独立性，大学通过理事会、学术委员会、教授委员会等组织实行自治。周志宏（1989）指出："在中世纪的大学中，虽然仍有高度的自治权，但当时的学者并无研究学术的自由可言，在当时由罗马教会的最高权力所担保并巩固的'教会一元化的真理体系'之支配下，人类的理性只能在教会有权者所设定的范围内进行活动，任何对正统教义的怀疑和挑战都被视为异端而加以镇压。"正如布鲁贝克（1987）所说，"基于学者是高深学问的看护人这一事实，人们可以逻辑地推导出他们也是他们自己的伦理道德准则的监护人"，"自治意味着把学者自我约束、制订学者公认的基本规范和决定学者行为准则的责任交给他们自己"。学术自治的出发点是按照学术的内在规律处理学术事务，即用学术逻辑去管理学术活动和学术事务。学术管理的主体是学者，对学术事务的管理、决策只有学者才有发言权，对学术的评价应坚持学术标准而非行政标准。学术自治源于学术自由的思想，又对学术自由起一定的保护作用。然而现在大学没有充分的办学自主权，无法实现学术自治，教师被行政指标所左右，无法将全部精力投入真正的学术研究活动中，关注科研的品质。因此，要真正提高学术研究质量，最需要的不是政府发文要求重视科技创新，也不是由政府主导学术研究，而是要落实高校的办学自主权，把学术研究与评价交给教授委员会管理、决策，对每个教师的学术评价，实行同行评价而不是行政主导的评价。

学术自律。学术自律是指学术机构集体或学者个体不仅遵守社会法律、规则等外部强制性制度，而且自觉地加强学术道德建设，模范遵守学术价值规范。默顿（2006）认为："要理解作为一种社会建制的科学的社会结构及其运行机制，首先要了解两件事，即科学建制的目标和科学家在社会活动中所遵守的行为准则。"科学家所遵守的行为准则可以理解为学者在学术研究中应该遵循的基本价值规范，按照默顿的理解，这些规范包括“普遍主义”、“公有性”、“无私利性”和“有条理的怀疑主义”。

学术自律主要包括以下要点。第一，尊重科学。就是学术研究要秉持科学的精神、严谨的态度，尊重科学发展的内在规律；不能从事违背科学原则的研究；在发表成果时，学者不能回避有关研究方法或研究所持立场问题。第二，遵守学术规范。包括学术活动中的价值规范、学术技术与标准规范等。第三，承担学术责任。包括通过教学进行人才培养的责任、通过研究服务社会的责任、通过成果发表交流传承思想的责任。其实就是学者应该遵守的学术标准或者说职业道德。

学术宽容。学术宽容是指社会或学术共同体和学者在真理的多维性、或然性的基础上对其他成员的学术思想、学术行为（包括异己的思想和理论）持公正、理智的包容的态度。学术宽容有边界、有限度。学术宽容是学术管理的价值取向之一。没有宽容，就没有真正的学术自由，也很难产出高水平的学术创新成果。古今中外的大学和学术机构都非常重视为学术营造宽松的环境，虽主张学术批评，但对学术人员却持宽容的态度。比如，蔡元培时期的北京大学，倡导不拘一格、海纳百川。彼时穿西装打领带的青年教师代表着新文化，而穿长袍、着马褂的旧儒则代表我国传统思想文化，但他们却对门授课、和谐共处，北京大学因此空前繁荣。耶鲁大学校长莱温说过：“耶鲁努力营造一种对新观念宽容、尊重的氛围，并努力把耶鲁变成这样一个地方：在这里，每一个人——学生或教员或职员——都能够完全自由地表达个人信仰或提出任何问题。”普林斯顿大学对纳什的宽容也是一个非常典型的例子。纳什是一个患有精神病分裂症、具有同性恋倾向、连续几年都无法正常工作的人，该大学并没有抛弃他，鄙视他，而是呵护他，包容他，帮他申请奖金，让他的课题研究得到经费。没有这种包容就没有“纳什均衡”，纳什就不会获得 1994 年的诺贝尔经济学奖。普林斯顿大学这种博大的包容精神使之在学术成果、人才培养方面取得了巨大的成功，也使其享有崇高的社会声誉。

遵循学术活动规律，在科研经费管理中给予青年学者更大自由度。对科研项目的管理，就是为课题组完成课题研究提供服务，因此首要的就是充分尊重科研活动的规律，尊重学术研究人员的劳动和智力付出，充分考虑科研活动的探索性、不确定性和长期性等，尊重青年教师对学术活动的兴趣，赋予其更多自主权，给予其更大的空间和自由度。只有在宽松、科学的学术管理制度下，学术研究才具有创新动力。没有创新动力的学术研究，就不是学术研究，而是学术制造，甚至是学术造假。

结 论

本书以学术活动中的价值关系为出发点，以回答学术价值观“是什么”“为什么”，高校青年教师学术价值观“怎么样”“怎么办”为线索，按照提出问题、分析问题和解决问题的逻辑思路，通过分析学术价值观的构成要素及结构关系，在详细考察我国近现代学术体制演变及学术价值观变迁历程的基础上，探究了高校青年教师学术价值观的形成、发展过程及其影响因素，并深入分析了其相互作用机制。在此基础上厘定了学术价值观的时代内涵，从主体、内容、方法、路径和环境五个方面提出高校青年教师学术价值观的培育对策，尝试从纵向和横向维度构建一套学术价值观体系。研究的主要结论如下。

第一，学术价值观是学者在一定的历史条件和文化背景下对学术活动及其关系的认知、理解、判断或抉择的观点，是学者对学术活动进行评价、判断、选择的内在尺度。它既是学术作为现代社会一种特殊职业的内在逻辑，也是学术共同体内部遵循的最基本的规范和规律，是学者个人的“德”、学术共同体的“善”与社会发展的“理”的统一，表现为学者个体内在的价值观念与外在的社会价值规则的统一。学术价值观由学术目标的价值导向、学术活动的价值调节、学者与相关者的利益关系、学术行为的价值规范等四个基本要素构成。在学术价值观体系中，利益是学术与价值同构的基础，管理充当学术与价值连接的中介，公正是检验学术实践的价值尺度。

第二，在我国近现代学术制度“双重秩序演化路径”中，学术价值与管理价值的矛盾、学术的经济价值僭越学术的内在价值、学术研究的个体利益遮蔽社会利益，使得高校青年教师学术价值观错位。通过梳理我国近现代学术体制发展与演变的历史，发现学术活动的内在规律、学术共同体、行政力量以及社会需求等共同构成了学术制度发展演变中的内外部力量。内部力量主要致力于形成学术体制发展的内在制度，而外部力量则主要试图构建一套外在的制度体系，这就构成了一种特殊的“双重秩序演化路径”。发展和转型是内外部双重力量共同作用的结果，呈现出“双重秩序演化路径”。遵循这种演化路径就使得学术制度具有了一种内外部力量共同作用下的“双重螺旋结构”。在近现代学术体制化背景下，学术从志业转化为职业，职业化的学者面临生存生计问题（导致“为学术而学术”与“稻粱谋”的矛盾），学术的经济利益使得非学术因素渗入学术活动，带来学术商业化、庸俗化（表现为经济利益与学术的内在价值之间的矛盾），学术体制化带来行政力量对学术研究的干预（表现为行政权力与学术权力之间的矛盾），学术传播手段信息化带来学风浮躁问题，它们共同构成了高校青年教师学术价值观形成、发展的外部条件。具体表现在三个层面：在学术管理层面，学术价值与管理价值之间存在矛盾；在学术运行与评价层面，学术的经济价值僭越了学术的内在价值；在学术利益分配层面，学术研究的个体利益遮蔽了社会利益。近现代学术职业化之后，学术体制化越来越严格，学术管理越来越精细，产生了科层化趋向。于是，学术价值与管理价值时有冲突。学术体制越来越僵化，使学术研究人员被体制所“化”，学术研究演变为一种体制内的“学术生产”，学术的价值沦为“稻粱谋”的经济工具。在市场经济以效率为先的原则下，学术研究活动专注投入产出的经济效益，即以最少的投入产出最大的经济利益。同时，非学术因素的渗入使学术研究成为一种急功近利的短期行为。在学术活动中少数青年教师把各种功利性目标当作学术研究的最高价值，而忽视甚至损害学术研究活动最本质、最重要的价值（人性的尊严与价值），学术的经济价值僭越了学术的内在价值。为了谋取个人私利，少数青年教师将个人利益凌驾于群体利益和社会利益之上，甚至以牺牲群体利益和社会利益来满足个人利益，异化了学术的社会利益与个人利益的关系，学术研究的个体利益遮蔽了社会利益，学术研究逐渐沦为谋取个人私利的工具。在学术体制的演化过程中，随着外部秩序的演变，学者内在的学术价值观除人本主义、经世致用、为学术而学术的学术价值观之外，也出现了实用主义、个人主义（自我主义）、功利主义、利己主义学术价值观等。

第三，高校青年教师学术价值观的形成是一个从个人自发到社会自觉的过程。高校青年教师具有明显的代际特征，他们既是学术研究的主体，又是普通的社会成员，具有双重身份；既承担学术责任，也承担社会责任；既追求社会利益，也追求个体利益。高校青年教师学术价值观的形成是在一定社会环境和文化制度的影响下其内在的知、情、意、行等心理诸要素相互促进，自发—自觉—自为的辩证运动过程，是高校青年教师对学术活动从感性认识到理性认识、从朴素情感到深刻体验、从原始趋利到科学理解、从盲目幻想到合规律性与合目的性相结合的思想过程。学术价值观的形成是社会系统、文化系统、人格系统相互作用的复杂过程。高校青年教师的学术价值观、学术理想信念不是孤立存在的，而是与社会政治、经济等构成的社会系统，制度文化、学术活动环境等构成的文化系统，青年教师个体思想意识、认知能力等构成的人格系统等密切相关。

第四，西方思潮的冲击、社会环境的影响、学术管理的异化、道德教育的弱化、工作生活的压力等因素的共同作用是高校青年教师学术价值观产生问题的原因。当代高校青年教师的学术价值观总体是积极的，在学术活动中展现出矢志不渝的学术理想、淡泊名利的价值追求、勇于创新的进取精神、敢于担当的责任意识等积极的学术价值观，同时产生了功利化取向、崇尚价值多元、学术信仰缺失、个人主义倾向等问题。当前学术界存在的问题包括：学术管理制度违背学术研究规律，导致学术价值与管理价值时有冲突；学术的经济价值僭越学术的内在价值，导致学术评价指标化、非理性化，学术成果泡沫化；学术研究的个体利益遮蔽社会利益，造成公器私用，学术研究沦为谋取个人私利的工具，部分学者产生急功近利心态、利益驱动代替学术目标驱动，造成学术研究功利化等。

第五，高校青年教师应构建一套以学术理想信念（自由）为内核、以体现学术研究的核心价值目标（求真）和最高价值目标（创新）为中心、以学术研究的价值标准（质量）为准绳、以学术研究的价值体现（利益）为导向的学术价值观体系。高校青年教师应该弘扬学术价值观的时代内涵，即以国强民富为目标的学术理想，以爱国主义为核心的民族精神，以改革创新为核心的时代精神，淡泊名利、甘于寂寞的奉献精神。将个人的学术理想同中国特色社会主义共同理想结合在一起，将自身的学术目标同整个国家和民族的命运结合起来，以学术为志业，在实现学术理想的征途中体现个人价值；把以爱国主义为核心的民族精神和以改革创新为核心的时代精神作为高校青年教师学术价值观培育的精神推动力，将学术理想、学术认知、学术情感、学术意识与学术实践结合起来，培养坚定的民族自尊心、自信心和自豪感；把社会主义荣辱观作为高校青年教师最基本的学术价值取向和行为准则，培养高校青年教师良好的学术道德品质和学术行为规范。

学术研究应该是少数对探究学问、创新知识、创造思想感兴趣的人的事业或志业，而不应该是市场化、大众化的职业。高校青年教师学术价值观培育应坚持以社会主义核心价值观为引领，从以下几个方面着手。一是强化组织领导，形成培育合力。二是厘定培育内容，强化培育效果。三是更新培育理念，创新培育方法。四是促进价值认同，完善培育路径。通过“学术价值观‘化’青年教师—青年教师‘化’学术价值观—学术价值观固化”的路径，把学术价值观转化为高校青年教师自觉的学术价值追求与自为的学术行为。五是关注利益诉求，优化学术环境。建立合理的学术利益分配机制和学术管理制度，理顺学术行为主客体及相关者之间的价值关系，为学术价值观培育提供良好的外部环境和制度支撑，为“学术之树”的成长提供“土壤”、“水分”和“阳光”。在价值学视域的横向维度坚持青年教师个体学术价值观（理性）、学术共同体的学术价值观（合作）、社会层面的学术价值观（独立）相统一，在价值学视域的纵向维度坚持知（学术价值认知）、情（学术价值情感）、意（学术价值意志）、行（学术价值行为）相融合的学术价值观框架，以此确立一个以学术价值的本质、认知、意识、内化、外化为五大支点的学术价值观体系。

正确的学术价值观是保障我国学术健康有序发展的重要前提。学术价值观关涉个人的价值观念，又受社会系统、文化系统的影响，是一个复杂的系统。笔者学术能力有限，加之可资借鉴的前人研究成果相对有限，客观上加大了课题的研究难度，使得研究仍存在一些局限。

一是研究方法还需进一步丰富。国内学者（如廉思、罗志敏等）对高校青年教师生存现状的实证调查研究成果颇多，且调查样本量较大，研究结论具有较好的代表性。因此，本书在分析高校青年教师学术价值观现状及产生问题的原因时，直接引用了廉思、罗志敏等的实证调查数据，而缺乏实证研究分析。在下一步研究中，笔者将借鉴心理学的量表测试和统计分析方法、思想政治教育方法对高校青年教师学术价值观及其培育的相关问题进行量化研究和个案分析，使研究结论更加准确。

二是对高校青年教师特点的分析和把握还需进一步深化。对高校青年教师群体特征的分析还不够深入，还缺乏更加翔实的材料，导致对高校青年教师学术价值观的分析针对性还不够强。

参考文献

一　中文文献

爱因斯坦．2017. 爱因斯坦文集（第3卷）［M］. 许良英，李宝恒，赵中立，范岱年编译．北京：商务印书馆：213.

宾克莱，L. J. 1983. 理想的冲突［M］. 马元德，陈白澄等译．北京：商务印书馆：103.

波伊尔，E. L. 2004. 学术水平反思——教授工作的重点领域［A］. 吕达，周满生主编．当代外国教育改革著名文献（美国卷·第三册）［C］. 北京：人民教育出版社：18－23.

波普尔，卡尔．1986. 猜想与反驳——科学知识的增长［M］. 傅季重等译．上海：上海译文出版社：491.

布鲁贝克，约翰·S. 1987. 高等教育哲学［M］. 王承绪等译．杭州：浙江教育出版社：42.

蔡元培．1997. 在北京大学哲学门学生欢送李煌瀛赴法会上的演说词［A］. 中国蔡元培研究会编．蔡元培全集（第3卷）［C］. 杭州：浙江教育出版社：481.

陈慧青．2008. 学术：学者的理想与追求——感悟布鲁贝克学术话语的建构［J］. 江苏高教，（5）：4－6.

陈清泉．2006. 在中共高层50年——陆定一传奇人生［M］. 北京：人民出版社：116.

陈伟 . 2009. 论中国学术职业的伦理缺失及诊治［J］. 现代大学教育（4）：22 – 27.

陈新汉 . 2002. 论转型时期中国价值观研究［J］. 哲学动态，（7）：16 – 20.

陈学飞，刘新芝 . 2003. 西方学术自由思想的历史演变述略［A］. 杨东平主编 . 大学之道［C］. 上海：文汇出版社：220.

陈寅恪 . 1980. 清华大学王观堂先生纪念碑铭［A］. 金明馆丛稿二编［C］. 上海：上海古籍出版社：218.

程孝良，李苑静 . 2013. 大学生价值观形成发展的链式分析模型及其影响机制［J］. 现代教育管理，（1）：108 – 112.

程孝良 . 2014. 学术伦理体系建构：一个解析框架［J］. 西南交通大学学报（社会科学版），（1）：105 – 109.

戴建中主编 . 2012. 北京社会发展报告（2011 – 2012）［M］. 北京：社会科学文献出版社：93.

德里达，雅克 . 2001. 大学·人文学科与民主［J］. 杜小真译 . 读书，（12）：3 – 13.

邓晖 . 2013. 关注高校青年教师［N］. 光明日报，08 – 13（5）.

邓小平 . 1994. 邓小平文选（第二卷）［M］. 北京：人民出版社：333.

杜瑛，刘念，冯小明 . 2007. 论研究生学术行为的引导与规范［J］. 学位与研究生教育，（8）：43 – 46.

范铁权 . 2005. 民国科学社团发展变迁——中国科学社社员的时空分布透析［J］. 自然辩证法研究，（3）：107 – 110 + 114.

费希特 . 1984. 论学者的使命 人的使命［M］. 梁志学，沈真译 . 北京：商务印书馆出版：42.

费希特 . 2003. 论学者的使命 人的使命［M］. 梁志学，沈真译 . 北京：商务印书馆：40 – 43.

冯骥才 . 2003. 100 个人的 10 年 [M]. 长春：时代文艺出版社：92 – 93.

弗莱克斯纳，亚伯拉罕 . 2001. 现代大学论——美英德大学研究 [M]. 徐辉，陈晓菲译 . 杭州：浙江教育出版社：96.

傅斯年 . 1996. 中国学术思想界之基本误谬 [A]. 岳玉玺等编选 . 傅斯年选集 [C]. 天津：天津人民出版社：49 – 51.

高鸿业主编 . 2000. 西方经济学 [M]. 北京：中国人民大学出版社：22 – 23.

高校教师薪酬调查课题组 . 2014. 高校教师收入调查分析与对策建议 [J]. 中国高等教育 (10)：27 – 29.

葛剑雄 . 2010. 学术腐败、学术失范与学风不正：探究与思考 [J]. 民主与科学，(2)：49 – 53.

耿云志，欧阳哲生编 . 1996. 胡适书信集（中）[M]. 北京大学出版社：531.

贺麟 . 1941. 学术与政治 [J]. 当代评论（第 1 卷），(16)：231.

洪堡，威廉・冯 . 1987. 论柏林高等学术机构的内部和外部组织 [J]. 高等教育论坛，(1)：93 – 96.

洪大用 . 2004. 学术自由与社会责任 [N]. 人民日报，06 – 25 (4).

黄国彬 . 2007. 研究生学术创作中不端行为的心态原因及对策分析 [J]. 学位与研究生教育，(10)：36 – 38.

霍布斯 . 2004. 论公民 [M]. 应星，冯克利译 . 贵州：贵州人民出版社：85.

江新华 . 2003. 研究生学术道德失范：表现、根源与对策 [J]. 科学学与科学技术管理，(1)：73.

江新华 . 2005. 学术何以失范——大学学术道德失范的制度分析 [M]. 北京：社会科学文献出版社：237.

蒋寅 . 2009. 治理学术腐败和学术不端行为的思路与对策 [J]. 社会科学论坛（学术评论卷），(9)：30 – 63 + 1.

金耀基．2001．大学之理念［M］．北京：生活·读书·新知三联书店．

康德．1960．纯粹理性批判［M］．蓝公武译．北京：商务印书馆：42．

柯尔伯格．2000．道德教育的哲学［M］．魏贤超，柯森等译．杭州：浙江教育出版社：6．

科尔曼，詹姆斯·S．2008．社会理论的基础［M］．邓方译．北京：社会科学文献出版社：54．

肯尼迪，唐纳德．2002．学术责任［M］．阎凤桥等译，新华出版社：3．

库恩，托马斯·S．1981．必要的张力——科学的传统和变革论文选［M］．纪树立，范岱年，罗慧生等译．福州：福建人民出版社：292．

库利，查尔斯·霍顿．1989．人类本性与社会秩序［M］．包凡一，王源译．北京：华夏出版社：60．

赖永海．2019．佛法真义［M］．北京：商务印书馆：84．

李凯尔特，H．1991．文化科学和自然科学［M］．涂纪亮译．北京：商务印书馆：78．

李克特，小摩里斯·N．1989．科学是一种文化过程［M］．顾昕，张小天译．北京：生活·读书·新知三联书店：142－144．

李敏，颜吾佴．2020．高校青年教师思想政治教育的现状及对策——基于北京部分高校的调查研究［J］．学校党建与思想教育，(3)：57－60＋71．

李颙．1996．二曲集［M］．陈俊民点校．北京：中华书局：105．

廉思．2011．高校青年教师思想状况调查［N］．学习时报，10－24(5)．

梁明伟．2013．中国大学学术管理研究——基于组织、制度和文化的视角［M］．北京：中国政法大学出版社：2－8．

梁启超．1999．梁启超全集［M］．北京：北京出版社：2351．

梁启超．2005．清代学术概论［M］．上海：上海世纪出版集团：82．

廖小平．2012．论改革开放之前30年中国社会的价值取向［J］．学习与实践，(11)：27－33.

刘华.2015. 黄润秋：把脉地质灾害 再获国家科技进步奖一等奖［EB/OL］.01－09，http://sc.93.wegovapp.cn/wwwroot/News. aspx? id=4238.

陆键东.1995. 陈寅恪的最后贰拾年［M］. 北京：生活·读书·新知三联书店：111－112.

卢现祥.1996. 西方新制度经济学［M］.北京：中国发展出版社：13.

吕忠梅，朱书刚主编.2012. 强学而力行：社会主义核心价值体系研究［M］.北京：中共党史出版社：249.

罗尔斯.1988. 正义论［M］.何怀宏，何包钢，廖申白译. 北京：中国社会科学出版社：7.

罗志敏.2010. 大学学术伦理及其规制研究［D］.武汉大学博士学位论文：79.

罗志敏.2011a. 大学学术伦理研究的肇始、问题与任务［J］.现代大学教育，(2)：91－95.

罗志敏.2011b. 基于文本分析：大学学术价值观的缺失与重建［J］. 江苏高教，(4)：31－33.

罗志敏.2011c. 论专家视野中大学学术伦理价值观的构建［J］. 中国高教研究（5)：23－28.

马克思，恩格斯.1956. 马克思恩格斯全集［M］.北京：人民出版社.

马克思，恩格斯.1957. 马克思恩格斯全集［M］.北京：人民出版社.

马克思，恩格斯.1964. 马克思恩格斯全集［M］.北京：人民出版社.

马克思，恩格斯.1979. 马克思恩格斯全集［M］.北京：人民出版社.

马克思，恩格斯.1995a. 马克思恩格斯全集［M］.北京：人民出版社.

马克思，恩格斯.1995b. 马克思恩格斯选集［M］.北京：人民出版社.

马克思，恩格斯.2002. 马克思恩格斯全集［M］.北京：人民出版社.

马克思，恩格斯.2009. 马克思恩格斯文集［M］.北京：人民出版社.

马克思，恩格斯．2012. 马克思恩格斯选集［M］. 北京：人民出版社．

马克思，恩格斯．2016. 马克思恩格斯全集［M］. 北京：人民出版社．

马克思主义理论研究和建设工程重点教材编写组．2021. 马克思主义基本原理概论［M］. 北京：高等教育出版社：90.

毛泽东．1991. 毛泽东选集［M］. 北京：人民出版社．

密尔，约翰．2007. 论自由［M］. 许宝骙译．北京：商务印书馆：66.

摩尔，乔治．2005. 伦理学原理［M］. 长河译．上海：上海人民出版社：17.

默顿，罗伯特·K. 2006. 社会理论和社会结构［M］. 唐少杰，齐心等译．南京：译林出版社：102.

欧阳教，黄政杰主编．1983. 大学教育的理想［M］. 台湾：台湾师大书苑有限公司：93.

欧阳哲生编．1998. 胡适文集1［M］. 北京：北京大学出版社：474－489.

帕森斯．1988. 现代社会的结构与过程［M］. 梁向阳译．北京：光明日报出版社：141.

培里，R. B. 等．1989. 价值和评价——现代英美价值论集粹［M］. 刘继编选．北京：中国人民大学出版：20.

彭江．2008. 研究生学术道德规范教育：内容、层次、原则与对策［J］. 学位与研究生教育，（11）：16－21.

齐曼，约翰．1988. 元科学导论［M］. 刘珺珺，张平，孟建伟译．长沙：湖南人民出版社：114－115.

钱理群．2014. 绝对的精致的利己主义者［N］. 湛江日报，05－03（A6）．

钱穆．1975. 中国学术通义［M］. 台湾：学生书局．

任鸿隽．2002a. 论学［A］. 樊洪业，张久春选编．科学救国之梦·任鸿隽文存［C］. 上海：上海科技教育出版社，上海科学技术出版社：85－86.

任鸿隽 . 2002b. 中国科学社之过去及将来 [A]. 樊洪业，张久春选编 . 科学救国之梦 · 任鸿隽文存 [C]. 上海：上海科技教育出版社，上海科学技术出版社：283 – 284.

舍勒，马克斯 . 1997. 价值的颠覆 [M]. 罗悌伦等译 . 北京：生活 · 读书 · 新知三联书店：43.

施莱尔马赫 . 2002. 德国特色之大学断想录（附：论将要建立的大学）[M]. 转引自陈洪捷 . 德国古典大学观及其对中国大学的影响 [M]. 北京：北京大学出版社：47.

斯宾诺莎 . 1999. 政治论 [M]. 冯炳昆译 . 北京：商务印书馆：42.

斯密，亚当 . 2005. 国富论 [M]. 唐日松等译 . 北京：华夏出版社：111.

斯密，亚当 . 2017. 道德情操论 [M]. 蒋自强，钦北愚，朱钟棣，沈凯璋译 . 北京：商务印书馆：109.

孙健 . 1996. 中华人民共和国经济史（1949 – 90 年代初）[M]. 北京：中国人民大学出版社：103 – 106.

Steneck，Nicholas H. 2005. 科研伦理入门：ORI 介绍负责任研究行为 [M]. 曹南燕，吴寿乾，姚莉萍译 . 北京：清华大学出版社：5.

唐凯麟 . 2007. 把握社会主义核心价值体系的基础 [N]. 光明日报，08 – 14（9）.

万聪 . 2011. 基于社会失范理论视角的研究生学术不端行为思考 [J]. 内蒙古农业大学学报（社会科学版），(2)：242 – 243 + 249.

万晓光 . 2007. 利益论视角下的高校学术腐败问题 [J]. 湖南科技学院学报，(5)：174 – 176.

王承绪编 . 1988. 高等教育新论——多学科的研究 [M]. 杭州：浙江教育出版社：119.

王英杰 . 2007. 大学学术权力和行政权力冲突解析——一个文化的视角 [J]. 北京大学教育评论，(1)：55 – 65 + 189 – 190.

王南湜 . 2002. 社会哲学：现代实践哲学视野中的社会生活 [M]. 昆

明：云南人民出版社：260，271.

王曦辉.2008.《2008年大学生求职与就业调查报告》今日发布［N］.大河报，12－03（A4）.

王欣.2009.博克的大学学术价值观［J］.邢台学院学报，（4）：67－69.

王子晖.2016.习近平细解科技创新“三昧”［EB/OL］.06－07.http://www.xinhuanet.com/politics/2016－06/07/c_1119001636.htm.

韦伯，马克斯.1987.新教伦理与资本主义精神［M］.于晓，陈维钢等译.北京：生活·读书·新知三联书店：113.

韦伯，马克斯.1998.学术与政治［M］.冯克利译.北京：生活·读书·新知三联书店.

文德尔班.1993.哲学史教程——特别关于哲学问题和哲学概念的形成和发展（下卷）［M］.罗达仁译.北京：商务印书馆：927.

吴根友.2004.中国现代价值观的初生历程——从李贽到戴震［M］.武汉：武汉大学出版社：31.

吴晶，胡浩.2016.全国高校思想政治工作会议12月7日至8日在北京召开［EB/OL］.12－08，http:://www.gov.cn/xinwen/2016－12/08/content_5145253.htm#1.

吴丽萍.2007.学术与利益［D］.苏州大学硕士学位论文.

吴宓.1923.我之人生观［J］.学衡，（16）：6－10.

习近平.2015.习近平关于协调推进“四个全面”战略布局论述摘编［M］.北京：中央文献出版社：131.

习近平.2016.在哲学社会科学工作座谈会上的讲话［M］.北京：人民出版社：29.

习近平.2017a.习近平谈治国理政（第二卷）［M］.北京：外文出版社.

习近平.2017b.习近平关于青少年和共青团工作论述摘编［M］.北京：中央文献出版社：3.

项贤明.2004.论学术管理理念与高校内部管理体制改革［J］.北京师

范大学学报（人文社科版），(6)：5－11.

肖峰.1997. 卢梭传［M］. 石家庄：河北人民出版社：92.

肖雨枫.2012. 高校青年教师脚踏实地者居多［N］. 中国社会科学报，04－16（3）.

谢国桢.1968. 近代书院学校制度变迁考［A］. 沈云龙. 近代中国史料丛刊续编（第66辑）［C］. 台湾：文海出版社：20.

谢泳.1999. 大学旧踪［M］. 南昌：江西教育出版社：12.

熊易寒.2015. 大学“青椒”自曝年收入12万：高校教师的工资该如何改革［N］. 澎湃新闻，01－15（8）.

徐如松，罗志敏.2013. 高校科研人员学术价值观状况调查——以上海为例［J］. 教育发展研究，(17)：30－36.

徐友渔.2009. 个人主义在中国的命运［N］. 东方早报，09－21（B6）：9.

许纪霖.1991. 智者的尊严——知识分子与近代文化［M］. 上海：学林出版社：237.

雅斯贝尔斯，卡尔.2007. 大学之理念［M］. 邱立波译. 上海：上海人民出版社.

闫东.2015. 北京高校青年教师思想及工作现状研究［J］. 学校党建与思想教育，(18)：38－39.

晏辉.2009. 现代性语境下的价值与价值观［M］. 北京：北京师范大学出版社：34.

颜柯.2004. 学术价值观错位：学术道德失范的根源［J］. 当代教育论坛（1）：99－101.

杨玉圣.2006. 学术期刊与学术规范［J］. 清华大学学报（哲学社会科学版），(2)：43－49.

易卜生.1882. 人民公敌［Z］.

詹姆士.1990. 信仰的意志［M］. 转引自张岱年. 论价值的层次［J］.

中国社会科学，(3)：4.

张传开，汪传发．1997. 义利之间——中国传统文化中的义利观之演变［M］．南京：南京大学出版社：231.

张荆，赵卫华等．2014. 高校教师收入分配与激励机制改革研究［M］．北京：社会科学文献出版社：60.

张俊宗．2004. 现代大学制度：高等教育改革与发展的时代回应［M］．北京：中国社会科学出版社：31.

张林祥．2001. 为学术规范辩护［J］．自然辩证法通讯，(2)：1－2.

张应强．2000. 高等教育现代化的反思与建构［M］．哈尔滨：黑龙江教育出版社：69.

张应强．2001. 制度创新与我国建设世界一流大学［J］．现代大学教育，(4)：3－6.

钟芳芳，肖文英．2008：基于道德认识谈研究生的学术道德建设［J］．学位与研究生教育，(1)：41－45.

周光礼，刘献君．2001. 大学的"超然性"与"介入性"——论中西方学术价值观的文化差异［J］．江汉石油学院学报（社会科学版），(2)：10－12.

周志宏．1989. 学术自由与大学法［M］．台湾：蔚理法律出版社：11.

朱清时．2009. 道德问题拖了学术研究后腿．［EB/OL］．03－04. https://wap.sciencenet.cn/blog－40486－218414.html.

左玉河．2008. 中国近代学术体制之创建［M］．成都：四川人民出版社：64－130.

二　英文文献

AAAS. 2009. The Role and Activities of Scientific Societies in Promoting Research Integrity. Http://www.aaas.org/spp/dspp/sfrl/Porjects/integrity.htm，08－02.

Alexius，Meinong. 1968. Psychologisch-ethische Untersuchungen zur Werttheorie 1894. In: *Gesamtausgabe*, Bd. 3: *Abhandlungen zur Werttheorie*, *bearb.* von Rudolf Kindinger. Graz, S. 1 – 244.

Ali, A. J. & Amirshahi M. 2002. The Iranian Manager: Work Values and Orientation. *Journal of Business Ethics* (2).

Altbach, P. G. ed. 1977. *ComparativesPerspectives on the Academic Profession.* NewYork: PraegerPublishers.

Ashby, Eric. 1966. *University. British*, *Indian*, *African*, *A Studyin the Ecology of Higher Education*, Harvard University Press: 290.

Blood, M. R. 1969. Work Values and Job Satisfaction. *Journal of Applied Psychology* (6).

Bond, M. N. 1996. Chinese Values. In M. H. Bond ed. *The Handbook of Chinese Psychology*. Oxford: Oxford University Press.

Burton, R. 1997. *Clark*, *Small World*, *Different Words*: *The Uniqueness and Troubles of American Academic Professions.* Daedelus, 126 (4).

Christian, VonEhrenfels. 1896. The Ethical Theory of Value, *International Journal of Ethics*, 6: 371.

Clark, Burton R. ed. 1987. *The Academic Profession*: *National*, *Disciplinary*, *and Institutional Settings.* Berkeley: University of California Press.

Davis, M. S., Riske, M. L. & Seaman, M. 2002. Research Misconduct: An Inquiry into Etiology and Stigma. *Final Report Presented to the Office of Research Integrity. Amherst. OH*: *Justice Research & Advocacy*, Inc.

Davis, R. 1994. Vocational Interests, Values & Preference. *Handbook of Industrial and Organizational Psychology* (2).

Denhardt, Kathryn G. 1988. *The Ethics of Public Service.* Greenwood Press, Inc.

Dick, M., Sheard, J., Bareiss, C., Carter, J., Joyce, D., Harding, T., & Laxer, C. 2003. Addressing Student Cheating: Definitions and solutions. *SIGCSE Bulletin* (2): 33 - 38.

Finkelstein, Martin J. , Seal, Robert K. & Schuster, Jack H. 1998. *The New Academic Generation: A Professionin Transformation.* Baltimore: Johns Hopkins University Press.

Finkelstein, Martin, Seal, Robert, Schuster, Jack H. 1998. *The New Academic Generation: A Professionin Transformation.* Baltimore: Johns Hopkins University Press.

Fisher, Celia B. 2003. Developing a Code of Ethics for Academics. *Science and Engineering Ethics* (9).

Hawthorn, D. 2001. Helping Cheats Prosper. *Journal of Applied Computing and Information Technology* (1).

Hofstede, G. 1980. Culture's Consequences: International Differences in Work-Related Values. *Beverly Hills*, CA: Sage.

Howard, John A. 1965. *Marketing Theory.* Boston, Mass: Allyn and Bacon: 13.

Huang, Futao. 2006. Challenges of Internationalization of Higher Education-and Changes in Academic Profession: A Perspective from Japan//. Kassel: The Meeting of the Project: The Changing Acadernic Profession.

Inglehart, R. & Baker, W. 2000. Modernization, Cultural Change, and the Persistence of Traditional Values, *American Sociological Review*, 2.

Inglehart, R. 1997. *Modernization and Post Modernization: Cultural, Economic, and Political Change in the* 43 *Societies.* Princeton: Princeton University Press.

Inglehart, R. & Wetzel, C. 1997. *Modernization, Cultural Change, and Democracy: The Human Development Sequence.* New York: Cambridge University Press.

Kerr, Clark. 1989. The Academic Ethic and University Teachers: A "Disintegrating Profession"? Minerva (2 -3).

Kluckhohn, F. R. & Strodtbeck, F. L. 1953. Dominant and Variant Value Orientations. Inc. Kluchhohn, H. A. Murray, & D. M. Schneider eds. *Personality in Nature, Society, and Culture.* New York: Knopf: 241 - 249.

Lotze, Rudolf Hermann. 1841. *Metaphysics.* Leipzig: Weidmann: 329.

Maclntyre, Alasdair. 1984. *After Virtues.* University of Notre Dame Press.

McCabe, Donald L. 2008. Tony Feghaliand Hanin Abdallah. Academic Dishonesty in the Middle East: Individual and Contextual Factors. *Research in Higher Education*(8).

Nitterhouse, Denise. 2003. Plagiarism-Not Juts an "Academic" Problem. *Teaching Business Ethics* (7).

Parsons, Talcott. 1951. *The Social System.* New York: Free Press: 56.

Perry. 1926. *General Theory of Value*, Longmans, Green and Co.

Prpić, Katarina. 2005. Generational Similarities and Differences in Researchers. Professional Ethics: An Empirical Comparison. *Scientometrics* (1).

Prpić, Katarina. 1998. Science Ethics: A Study of Eminent Scientists' Professional Values. *Scientometrics* (2).

Rokeach, M. 1973. *The Nature of Human Values.* New York: Free Press: 358 -361.

Rothblatt, Sheldon. 1997. *The "Place" of Knowledge in the American Academic Profession.* Daedalus, 126 (4).

Schwartz, S. H. and Bardi, A. 1997, *Influences of Adaptation to Communist Rule on Value Priorities in Eastern Europe*, *Political Psychology*, 18, pp. 385 -410.

Schwartz, S. H. and Bardi, A. 2000. Moral Dialogue Across Cultures: An

Empirical Perspective. In E. W. Lehman ed. , *Autonomy and Order: A Communitarian Anthology. Lanham*, MD: Rowman & Littlefield.

Schwartz, S. H. and Bilsky, W. 1990. Toward a Theory of the Universal Content and Structure of Values: Extensions and Cross-cultural Replications. *Journal of Personality and Social Psychology*, 58: 878 –891.

Schwartz, S. H. and Boehnke, K. 2004. Evaluating the Structure of Human Values with Confirmatory Factor Analysis, *Journal of Research in Personality*, 38: 230 –255.

Schwartz, S. H. and Rubel, T. 2005. Sex Differences in Value Priorities: Cross-cultural and Multi-method Studies. *Journal of Personality and Social Psychology*, 89: 1010 –1028.

Schwartz, S. H. 1994. Are There Universal Aspects in the Content and Structure of Values? *Journal of Social Issues*, 50: 19 –45.

Schwartz, S. H. , Bilsky, W. 1980. Towards a Universal Psychological Structure of Human Value. *Journal of Personality and Social Psychology*, 53: 550 –562.

Schwartz, S. H. , Lehmann, A. and Roccas, S. 1999. Multimethod Probes of Basic Human Values. In J. Adamopoulos and Y. Kashima eds. , *Social Psychology and Culture Context: Essays in Honor of Harry C. Triandis.* Newbury Park, CA: Sage.

Schwartz, S. H. , Melech, G. , Lehmann, A. , Burgess, S. and Harris, M. 2001, Extending the Cross-cultural Validity of the Theory of Basic Human Values with a Different Method of Measurement, *Journal of Cross-Cultural Psychology*, 32: 519 –542.

Schwartz, S. H. 1992. Universal in the Content and Structure of Values: Theoretical Advances and Empirical Tests in 20 Countries. In M. Zanna ed. , *Advances in Experimental Social Psychology*, Vol. 25. San Diego, CA: Academic Press.

Schwartz, S. H. 2006. Value Orientations: Measurement, Antecedents and Consequences Across Nations. In R. Jowell, C. Roberts, R. Fitzgerald & G. Eva eds. , *Measuring Attitudes Cross-Nationally-Lessons from the European Social Survey*. London: Sage.

Schwartz, S. H. 1996. *Value Priorities and Behavior: Applying of Theory of Integrated Value Systems*. In C. Seligman, J. M. Olson & M. P. Zanna eds. , *The Psychology of Values: The Ontario Symposium*, 8: 1 – 24. Hillsdale, NJ: Erlbaum.

Sheth, Jagdish N. 1967. A Review of Buyer Behavior. *Management Science* (13): 718 – 756.

Stamen, Daniel. 1997. *Virtue Ethics: A Critical Reader*. Edinburgh University Press.

Swanton, Christine. 2003. *Virtue Ethics*. New York: Oxford University Press.

Triandes, H. C. 1986. Collectivism vs Individualism: A Reconceptualization of Basic Concept in Cross-Cultural Psychology. In C. Bagley & G. Berma eds. *Personality, Cognition, and Values: Cross-Cultural Perceptive of Childhood and Adolescence*. London: Macmillan.

University of Cambridge. 2016. Statutes and Ordinances 2012. 10 – 16. http://www. admin. cam. ac. uk/univ/so/.

Urban, W. M. 2009. *Valuation—It's Nature and Laws*, New York: The Macmllan Co.

Wilson, Logan. 1942. *The Academic Man: A Study in the Sociology of a Profession*. New York: Oxford University Press.

Wilson, Logan. 1979. *AmericanAcademic: ThenandNow*. New York: Oxford University Press.

图书在版编目(CIP)数据

高校青年教师学术价值观培育研究 / 程孝良著. --
北京：社会科学文献出版社，2023.4（2024.5 重印）
ISBN 978-7-5228-1710-1

Ⅰ.①高… Ⅱ.①程… Ⅲ.①高等学校-青年教师-学术思想-研究 Ⅳ.①G640

中国国家版本馆 CIP 数据核字(2023)第 066456 号

高校青年教师学术价值观培育研究

著　　者 / 程孝良

出 版 人 / 冀祥德
组稿编辑 / 陈凤玲
责任编辑 / 宋淑洁
文稿编辑 / 许文文
责任印制 / 王京美

出　　版 / 社会科学文献出版社 · 经济与管理分社（010）59367226
　　　　　地址：北京市北三环中路甲 29 号院华龙大厦　邮编：100029
　　　　　网址：www. ssap. com. cn
发　　行 / 社会科学文献出版社（010）59367028
印　　装 / 河北虎彩印刷有限公司

规　　格 / 开　本：787mm × 1092mm　1/16
　　　　　印　张：13.5　字　数：180 千字
版　　次 / 2023 年 4 月第 1 版　2024 年 5 月第 2 次印刷
书　　号 / ISBN 978-7-5228-1710-1
定　　价 / 98.00 元

读者服务电话：4008918866